책쓰기가 만만해지는
과학자 책쓰기

독학으로 터득한 하루 15분 책쓰기의 완결판

책쓰기가 만만해지는 **과학자 책쓰기** • 독학으로 터득한 하루 15분 책쓰기의 완결판

저　자 ㅣ 김욱
펴낸이 ㅣ 최용호

펴낸곳 ㅣ (주)러닝스페이스(비팬북스)
디자인 ㅣ 최인섭
주　소 ㅣ 서울시 구로구 디지털로32가길 16, 1206호
전　화 ㅣ 02-857-4877
팩　스 ㅣ 02-6442-4871

초판1쇄 ㅣ 2019년 12월 24일
등록번호 ㅣ 제 25100-2017-000082호
등록일자 ㅣ 2008년 11월 14일
홈페이지 ㅣ www.bpanbooks.com
전자우편 ㅣ book@bpanbooks.com

이 도서의 저작권은 저자에게 있으며 저자 및 출판사의 허락 없이 일부 혹은 전체 내용을 무단복제하는 행위는 저작권법에 저촉됩니다.

값 14,800원
ISBN 978-89-94797-94-6 (03800)

비팬북스는 (주)러닝스페이스의 출판부문 사업부입니다.

이 도서의 국립중앙도서관 출판예정도서목록(CIP)은 서지정보유통지원시스템 홈페이지(http://seoji.nl.go.kr)와 국가자료공동목록시스템(http://www.nl.go.kr/kolisnet)에서 이용하실 수 있습니다.(CIP제어번호: CIP2019051269)

책쓰기가 만만해지는
과학자 책쓰기

독학으로 터득한 하루 **15분 책쓰기**의 완결판

김욱 지음

비팬북스

들어가며

로켓도 쏘는 데 책을 못 써?
달도 가는 데 책을 못 써?

   세상에는 이미 수많은 글쓰기 혹은 책쓰기에 관한 책이 나와 있다. 출간된 책이 너무 많아서 숨이 막힐 정도다. 너도나도 책쓰기 관련 책을 출간하고 있다. 그중 어떤 책은 맞춤법에 관해서도 설명하고, 어떤 책은 책쓰기의 가치에 대해서, 또 어떤 책은 책쓰기의 구체적인 방법론이나 효과에 대해 알려줄 것이다.

   하지만 나는 오늘 조금 다른 이야기를 하려 한다.

   지금부터 내가 하고자 하는 이야기는 과학자의 책쓰기다.

   그런데 왜 하필 지금 과학자의 책쓰기에 대해 이야기하는 걸까?

나는 과학자들과 오랜 기간 함께 일하면서 의외로 다른 분야보다 책쓰기에 무감각하다는 것을 깨달았다. 이들은 논문이나 연구 보고서 작성은 기가 막히게 잘한다. 하지만 책쓰기에 대해서는 그다지 관심이 없다. 설사 책을 쓰더라도 논문 몇 편을 편집해 책으로 출간한다든지 연구와 관련한 매뉴얼 수준의 책 출간이 전부다.

나는 이 점에 주목했다.

그래서 과학자들도 반드시 책을 써야 한다는 당위성을 이 책에서 강력하게 주장할 것이다(그것도 하루에 15분씩 2번 써서!).

그리고 과학자가 책을 쓰면 그들의 인생이 어떻게 바뀌는지에 관해서도 이야기할 것이다.

주변에서 마주치는 과학자에게 '책 한번 써 보시죠?' 하고 물으면 다들 답변은 이렇다.

'에이, 내가 어떻게 책을 써요?'

백이면 백, 모두 그랬다. 심지어 나 같은 사람(?)도 책을 썼다고 해도 믿으려 하지 않았다.

하지만 이런 가정을 해 보자.

속는 셈 치고 책 한 권을 써 보자! 과학자라고 해서 반드시 과학에 관한 책만 쓰라는 법은 없다. 오히려 과학적 지식을 바탕으로 완전히 다른 분야의 책을 쓸 수도 있다(대박은 이런 데서 터진다!).

속아서 책 한 권을 출간했다고 치자.

이들은 공통으로 다음처럼 느낄 것이다.

다시는 책을 쓰지 않겠다!

그만큼 책 한 권을 출간하는 것은 어렵다. 산모라면 겪어야 할 오랜 임신 기간과 출산 시 겪는 산통과 같은 부지런함과 인내, 그리고 시간이 필요하다.

하지만 다시는 책을 쓰지 않겠다는 이들의 결심은 절대 오래가지 않는다.

왜냐고?

책을 쓰고 나면 저자에게 놀랍도록 많은 변화가 생기기 때문이다.

매일 '박사님', '연구원님' 소리만 듣다가 '작가님'이라는 호칭이 하나 추가된다. 인터넷에서 글이 너무 좋았다거나 감동을 하였다, 아주 유용하게 활용했다는 서평이 올라온다. 책을 팔아 인세가 들어오고 주변에서 나를 보는 인식이 달라진다. 강연 의뢰가 들어오고 주변 직장 동료들도 부러워한다. 여기에 책이 반응이 좋다면 다음 책에 대한 이야기도 출판사를 통해 슬슬 나온다.

이외에도 변화는 많다.

내가 완전히 달라진 것 같은 느낌이다. 해당 분야의 책을 쓰다 보니 그 분야에서 완전히 전문가가 되었다. 누구와의 대화에도 꿀리지 않는다. 책을 쓰기 위해서는 정말 많이 고민하기 때문이다.

이렇듯 책 한 권이 가지는 위력은 대단하다.

여기까지 읽었음에도 책쓰기를 결심하지 않았는가? 그러면 지금부터 하면 된다.

책쓰기는 결심이 중요하다. 내가 작가라고 스스로 선포하고 마치 내가 작가라도 된 양 행동하자. 자기 최면이 필요하다. 그러면 삶의 포커스나 행동이 작가를 기준으로 점차 바뀔 것이다.

그리고 난 후는?

우리 다 함께 책쓰기의 바다로 빠져보자. 책쓰기의 마력에 빠지는 순간 삶의 엔도르핀이 넘쳐흐를 것이다. 단 한순간도 허투루 보내기 싫을 것이다.

왜? 이미 당신은 작가이기에(이 책을 다 읽었다는 전제하에!).

목차

PART 1
과학자가 책을 써야 하는 이유

과학자에게 왜 책쓰기가 필요할까?

01 책이 있는 과학자 vs 책이 없는 과학자 · 13
02 과학자의 책은 강연을 부른다 · 16
03 100권 읽기 vs 한 권 쓰기 · 19
04 어떤 과학자가 책을 쓰는가? · 22
05 과학자 인생 송두리째 바꾸기 · 26
06 굳이 과학 분야의 책을 쓰지 않아도 된다 · 30
07 주변에서 보는 시각이 달라진다 · 33
08 국내 저자의 책이 별로 없다 · 36
09 과학자는 별도의 자격증이 없다 · 39

PART 2
매일 15분씩 책을 써야 하는 이유

왜 15분 책쓰기인가?

01. 하루 15분으로 책쓰기가 충분할까? — 43
02. 하루에 15분은 누구나 낼 수 있다 — 47
03. 만일 하루 15분이 부족하다면 — 50
04. 15분 책쓰기로 한 달에 책 한 권 — 53
05. 직장인에게 효과 만점 = 15분 책쓰기 — 56
06. 15분 책쓰기에 대한 편견 — 59
07. 과학자에게 15분이란 시간 — 63

PART 3
팔리는 책을 쓰기 위한 방법

어떤 책이 베스트셀러가 되는가?

01. 베스트셀러를 구입하여 읽어 보라 — 67
02. 책은 제목이 가장 중요하다 — 70
03. 베스트셀러 책 제목 만들기 — 73
04. 책 제목을 돋보이게 하는 표지 카피 — 76
05. 표지 디자인은 책을 손에 집게 한다 — 79
06. 책 출간에도 타이밍이 있다 — 82
07. 그래도 내용이 좋아야 한다 — 85
08. 내가 만일 인지도가 없다면? — 88
09. 어린이 책이야 말로 출판계의 블루오션이다 — 92

PART 4
책쓰기, 순서대로 알아보다

과학자의 책쓰기는 어떻게 이루어질까?

- 01 내가 가장 잘 아는 분야를 쓰자 … 97
- 02 책의 콘셉트를 먼저 잡도록 하자 … 101
- 03 독자를 예상하고 책을 써야 한다 … 104
- 04 시장 조사 및 참고 도서 정하기 … 107
- 05 목차를 작성하는 방법 … 111
- 06 출간기획서 작성 … 115
- 07 샘플 원고 작성 … 119
- 08 초고 작성 … 122
- 09 출판사 섭외 및 계약 … 125
- 10 투고의 왕도 … 129
- 11 퇴고 및 수정, 윤문 작업 … 132
- 12 편집 및 디자인 … 136
- 13 인쇄, 제본, 출판, 유통 … 138
- 14 도서 홍보 및 마케팅 … 141

PART 5
실제 책을 쓰기 위한 13가지 노하우

15분 책쓰기를 위한 13가지 방법

- 01 수장선고(水長船高) - 독서는 쓰기의 바탕이다 … 147
- 02 그럼 언제, 어디서 써야 할까? … 151
- 03 쓸 것인가? 두드릴 것인가? … 154
- 04 한 달이면 책 한 권을 쓸 수 있다 … 157
- 05 하루하루 쓰기에 충실하자 … 161
- 06 인용을 잘해야 책이 재밌다 … 165

07 편집과 창작의 차이	169
08 쓰다 보면 늘게 되어 있다	172
09 빨리 책 쓰는 비법	175
10 첫 문장은 유치하게 써라	178
11 문장력 키우는 최적의 길, 베껴 쓰기	182
12 하루에 두 꼭지만 써라	185
13 생각날 때 기록해 두라	189

PART 6
품격 있는 책쓰기를 위한 비법

어필하는 글쓰기 노하우

01 스토리텔링 방식을 이용하라	195
02 한 꼭지에 하나씩만 전달하라	199
03 짧고 간결하게 써라	203
04 꾸미지 말고 솔직하게 써라	208
05 잘 읽히는 글이란?	211
06 명문장은 단순함에서 시작했다	214
07 글이 안 써질 때 글 쓰는 방법	218
08 좋은 문장을 쓰는 법	221
09 무조건 써라	225
10 결국 글을 쓰는 순간이 즐거워야 한다	229

에필로그 All right! All right! All right! 232

PART 1 과학자에게 왜 책쓰기가 필요할까?

• 과학자가 책을 써야 하는 이유 •

01 책이 있는 과학자 vs 책이 없는 과학자

책이 있는 사람과 책이 없는 사람의 차이는 무엇일까?

어린 시절 나에게는 소박한 꿈이 두 가지 있었다. 내 이름으로 된 책과 내 이름으로 된 특허Patent를 가져보는 것이었다. 하지만 이러한 환상이 깨지기까지는 얼마 걸리지 않았다.

책이란 것이 아무나 쓸 수 없다는 것을 깨달았고(지금은 물론 아니다!) 특허 역시 아무나 출원하는 것이 아니라는 것을 알았다. 이런 생각은 누구나 한 번쯤 가져 보았을 것이다. 그러나 대부분 실행에 옮기지 못했을 것이다.

오랜 기간 과학 기술계에 몸담으면서 느낀 점은 대부분의 과학자도 나와 다르지 않다는 사실이다. 과학자 중에 책을 쓴 사람도 있고 책을 쓰지 않은 사람도 있다. 대부분 후자일 것이다.

책을 썼다고 해도 학문적 성과를 정리하여 책으로 출간한 것이 대부분이다. 아니면 이미 발표한 논문을 모아 편집해 책으로 낸 정도일 것이다.

내가 과학자에게 지금부터 이야기하고자 하는 책은 이런 책이 아니다. 물론 과학자라는 직업을 가진 사람이 논문을 정리하고 묶어서 책으로 내는 것은 학문적으로 가치가 있고 숭고한 일이다. 하지만 과학자로서 내 분야(내 분야가 아니라도 상관없다!)에 대한 나만의 고민과 아이디어, 창작을 통해 만들어낸 책이 필요하다. 과학자가 책을 쓰면 많은 것들이 달라진다.

이런 이유로 내가 이 책을 쓰게 되었다.

책이 있는 과학자는 외부에서 보는 시각이 다르다. 과학자인 동시에 작가로서 대외적으로 인정을 받는다. 과학자로서 박사님 혹은 연구원님 소리 듣는 것보다 작가님 소리 듣는 것이 더 기분 좋을 것이다.

왜일까?

칭찬도 여러 번 들으면 지겹듯이 박사님 소리도 오랜 기간 듣다 보면 아무런 느낌이 없다. 박사학위를 받고 주변에서 박사님하고 불러줄 때 그 만족감은 오래전에 희석되고 말았다. 결국 작가님이란 소리가 훨씬 더 듣기 좋다. 내가 다른 과학자들과 차별화된 무엇인가가 있는 느낌이다.

우리 주변에 보면 박사라는 타이틀이 주는 위압감도 대단하지만, 작가가 되면 그 가치는 수십 배가 된다. 요즘 흔히 널린 게 박사라는 말이 있다. 박사의 반이 백수라는 학력 인플레이션 현상만 봐도 그러하다. 시중에 나온 책쓰기 관련 책을 보더라도 박사학위보다 작가라는 타이틀이 더 강력하고 좋다는 글이 많다.

작가가 되면 주변의 시선이 달라진다. '저 사람은 책을 쓴 작가다'라는 타이틀만으로 나를 작가로 인정해 주기 시작한다.

자기를 소개할 때도 자신이 쓴 책으로 하면 아주 좋다. 소위 몸값을 올리기에 책만 한 것이 없다.

왜 이런 현상이 일어날까?

그건 바로 작가가 되는 길, 곧 책쓰기가 보기보다 절대 순탄치 않기 때문이다. 작가가 되기 위해서는 도서를 기획하고 목차를 잡고 내용을 쓰고 수천 번의 수정을 거쳐 원고를 완성한다. 이 원고를 가지고 출판사를 막상 두들겨보면 시장 상황이 얼마나 녹록치 않은지 잘 알 수 있다. 수십 군데 거절을 당하고 좌절감을 맛보면 왜 작가가 위대한지를 알 수 있다. 그리고 작가에 대한 평가를 달리하게 된다.

책이 가지는 위력은 이렇게 대단하다. 작가가 되면 가지는 위력은 이렇게 강력하다. 이런 이유로 책이 있는 과학자가 되어야 한다.

02 과학자의 책은 강연을 부른다

책이 있는 과학자는 특별하다. 무엇이 특별할까?

대덕연구단지만 봐도 연구자는 무척 많다. 하지만 자기만의 책을 가진 과학자들은 그렇게 많지 않다. 즉 희소성이 있다. 이러한 희소성은 다른 과학자와의 차별성으로 이어진다.

과학자가 차별성을 가지게 되면 뜻하지 않은 기회를 맞게 된다. 무슨 기회일까?

그것이 바로 강연이다.

'불량엄마' 시리즈를 출간한 송경화 박사가 대표적인 예이다. 나는 우연히 대전 유성구에 위치한 유성도서관에 책을 빌리러 갔다가 놀라운 경험을 했다. 그때가 나와 같이 근무했던 송경화 박사의 〈불량엄마의 생물학적 잔소리〉 출간 직후였다. 책의 저자인 송경화 박사가 유성도서관에서 강의한다는 것이었다. 강연을 안내하는 포스터를 보면서 무릎을 '탁' 쳤다.

'이게 바로 책의 위력이다.'

물론 책을 쓰지 않아도 강연은 할 수 있다. 하지만 책을 쓰면 강연을 의뢰하는 곳이 폭발적으로 늘어나고 강연료 또한 책이 없는 과학자에 비해 더 올라간다. 이것은 부인할 수 없는 팩트다!

포스터에 보면 이렇게 쓰여 있다.

'불량엄마의 생물학적 잔소리의 저자, 송경화 박사와의 대화'

나는 송경화 박사가 책을 발간하기 전 얼마나 강연을 다녔는지는 자세히 알지 못한다. 하지만 분명한 것은 이분이 이 책을 통해 강연계에서 크게 도약했다는 것이다. 뒷소문으로 스타강사가 되었다고 들었다.

송경화 박사는 〈불량엄마의 생물학적 잔소리〉를 히트하며 후속으로 〈불량엄마의 별난 지구여행〉, 〈불량엄마의 삐딱한 화학 세상〉을 매년 연이어 출간함으로써 베스트셀러 과학자이자 작가의 반열에 올랐다. 아직 물리 쪽 책이 출간되지 않았지만 2016년부터 매년 한 권씩 책을 출간하는 것을 보면 2019년에 곧 '불량엄마' 시리즈의 마지막인 〈불량 엄마의 물리 이야기(가제)〉가 출간될 것이라고 예상할 수 있다.

나는 송경화 박사가 과학자를 넘어 이제 작가로서 인생을 살게 될 것이라고 믿는다. 책쓰기의 위력을 누구보다 제대로 느꼈을 테니까 말이다. 그리고 송경화 박사의 다이어리에는 수많은 강연 스케줄 일정이 빼곡히 적혀 있을 것이다. 이처럼 책의 위력은 대단하다. 모름지기 강연하고 싶다면 반드시 책을 써야 하는 이유가 여기에 있다.

03 100권 읽기 vs 한 권 쓰기

위 제목의 정답이 무엇일까?

이 책을 읽는 독자라면 벌써 눈치챘을 것이다. 정답은 후자이다. 책은 100권 읽는 것보다 한 권 쓰는 것이 훨씬 위력적이다.

왜냐고?

이유는 아주 간단하다.

한 권의 책을 쓰기 위해서는 100권 이상의 책을 읽어야 하기 때문이다. 산술적으로 100권이 되지 않더라도 그 효과는 100권 이상이다.

나도 이 책을 쓰기 위해 정말 많은 책을 읽어야만 했다. 책 한 권 쓰는 것이 머릿속에 있는 생각을 끄집어내 일필휘지르 막 써 내려가는 것이 아니다. 책 한 권을 쓰려면 정말 많은 고민을 해야 한다.

책의 제목, 구성을 잡아야 하고 각 목차별로 내용을 충실히 넣어야 한다. 대충 써서는 책으로 출간할 수 없다.

간혹 '자비 출판'이라던가 '대필 작가'를 활용해서 출간된 책을 보면 '과연 이런 방식으로 책을 내는 것이 무슨 의미를 가지겠는가?' 하는 생각이 든다. 물론 이런 방식으로 책을 쓰는 것이 무조건 옳지 않다는 것은 아니다(책을 내기 위한 좋은 방법이긴 하다!). 하지만 우리 '책쟁이'들이 인정하는 책(투고를 통해 출판사와 계약하여 출간한 책!)은 결코 아니다.

진정한 책쓰기란 치밀한 계획과 구성, 그리고 혼신의 노력과 참신한 아이템을 적절히 섞어서 깊은 고민과 사색을 통해 응축된 에너지로서 배출되어야 한다. 이러한 노력을 통해 저자는 새로운 세계를 경험하게 되고 스스로 한 단계 업그레이드가 될 수 있다.

이러한 고민을 하고 책을 쓰는 사람은 책을 쓰는 과정에서 정말 많은 것을 배우고 깨닫게 된다. 이것이 바로 책쓰기의 힘이다. 책을 읽는다는 것 또한 매우 중요하고 고결한 행위이다. 하지만 책을 읽음으로써 느끼는 감정과 지식의 정도는 책쓰기를 통해 느끼는 그것보다 절대로 더 클 수 없다. 아무래도 책읽기는 저자의 의도대로 끌려가거나 독자의 스타일대로 재단되는 경우가 많다. 하지만 책쓰기는 완전히 다르다.

책을 쓰기 위해 문장 하나하나 쓰기를 고민한다.

또한, 관련 서적을 읽으며 괜찮은 내용을 차용하거나 인용하면서 책쓰기라는 오케스트라의 지휘자로써 역할을 한다. 따라서 책쓰기를 위한 참고서적 읽기는 단순히 책을 읽는 것보다 그 효과가 몇 배 더 크다. 이러한 놀라운 체험은 책쓰기를 통해서만 얻을 수 있는 '쓰는 자'만의 특권이다.

과학자 또한 마찬가지다. 과학자는 다들 전공 분야가 있다. 각자의 전공 분야에 대한 지식은 정말 많지만 다른 분야에 대해서는 잘 알지 못하는 경우가 대부분이다. 책쓰기가 논문 작성이 아닌 이상 논문에 비해 다루는 범위가 넓기 마련이다. 가령 물리의 양자역학의 특수이론에 대해 책을 쓰는 것이 아니라 물리 혹은 양자역학을 일반인이 이해할 수 있도록 개괄적인 책을 쓰게 된다. 이렇게 일반적인 책을 쓰기 위해서는 논문을 쓸 때보다 몇 배 더 고민해야 한다. 쉽게 쓰는 것이 어렵게 쓰는 것보다 훨씬 더 어렵다.

결론적으로 100권의 책읽기도 중요하지만, 그보다 한 권의 책쓰기가 더 강력하다는 것을 말하고 싶다. 그 이유는 직접 책을 써 보면 안다. 우리가 논문 한 편을 쓰기 위해 수많은 책과 논문을 참조하듯이 책 한 권을 쓰기 위해서는 엄청난 양의 책을 참고하기 때문이다.

04 어떤 과학자가 책을 쓰는가?

많은 사람들이 책을 쓰기 어려워하는 이유는 책쓰기 자체에 대한 거부감 때문이다.

과연 내가 책을 쓸 수 있을까?
한 페이지 쓰기도 힘든데 어떻게 한 권을 쓸 수 있을까?

대부분 이런 식의 걱정이다(대부분 허탈하거나 황당한 표정을 짓는다). 하지만 너무 걱정할 필요가 없다. 우리가 하는 걱정의 99%는 쓸데없는 걱정이다. 책쓰기 또한 예외가 아니다. 막상 해 보지도 않고 그냥 어렵다고만 생각한다. 우리는 이런 고정관념에서 벗어나야 한다.

지금처럼 출판 문화가 발달하지 않은 시대에는 유명한 학자나 교수, 사회에서 한 획을 그은 사람만이 책을 쓰는 줄 알았다. 하지만 지금은 전혀 그렇지 않다. 이제는 인터넷 발달과 미디어의 고도화로 누구나 글을 쓰는 세상이 되었다. 바야흐로 '책쓰기 전성시대'가 도래했다.

블로거나 웹 작가를 비롯하여 인터넷을 활용한 작가들이 수없이 등장하고 있다. 최근에는 많은 포털에서 글쓰기 전용 공간을 운영하고 있다. 여기서 꾸준히 글을 쓰는 사람들을 대상으로 책을 출간하는 일이 활발하게 이루어지고 있다. 앞으로 이런 추세는 더욱 강화될 것으로 보인다.

〈책쓰기 혁명〉이란 책에서 김병완 작가는 책쓰기에 대해 다음과 같이 설명하고 있다. 나는 이런 문장이 참 좋다.

전문가가 책을 쓰는 것이 아니다. 책을 쓰면 전문가가 된다.
성공한 사람이 책을 쓰는 것이 아니다. 책을 쓰면 성공한다.
똑똑한 사람이 책을 쓰는 것이 아니다. 책을 쓰면 똑똑해진다.

나는 이 문구를 보고 무릎을 '탁' 쳤다. 너무 멋진 말이기 때문이다. 책쓰기에 대한 고정관념을 탈피시키는 아주 멋진 말이라고 생각한다. 눈을 감고 가만히 되새김질해 보라. 얼마나 멋진가? '책을 쓰면'이라는 것을 전제로 우리는 무엇이든지 할 수 있다.

최근에는 이러한 역발상이 내 사고를 계속 변화시키고 있다. 가령 '빠르게 걷는 사람이 건강해진다'란 기사를 보고 난 이런 생각을 했다. '건강하니 빠르게 걷는 게 아닐까?'. 아니면 '용기 있는 자가 미인을 얻는다!'도 이렇게 생각했다. '미인을 얻었으니 용기있는 자로 평가받는 것이 아닐까?'. 대략 이런 식이다. 김병완 작가 때문에 후유증(?)이 심각하다.

예전에 자동차 판매왕의 영업 비밀에 관한 책을 읽은 적이 있다. 이 책의 제목은 〈죽기 살기로 3년만〉이다. 벤츠 판매왕인 신동일 작가는 이런 멋진 말을 했다.

돈이 있어야 벤츠를 타는 것이 아니다. 벤츠를 타면 돈이 모여들게 되어 있다.

언뜻 보면 이해가 되지 않는 말이지만 해석을 어떻게 하느냐에 따라 깊은 울림이 있는 말이다. 실제 신동일 작가는 벤츠 영업 사원이 되기로 결심한 후 전 재산을 털어 벤츠를 한 대 샀다. 벤츠 영업 사원이 벤츠를 타는 것이 당연하다는 생각에서였다. 그 당시 벤츠 영업 사원 중 벤츠를 타는 사람이 별로 없었다고 한다.

자동차란 것이 결국 좋은 차를 타면 소위 자존감이란 것이 생기기 마련이다. 몸가짐, 마음가짐이 벤츠에 맞게 달라진다(물론 지금 내차는 통차다!). 이러한 긍정의 엔도르핀이 사회생활 성공에 있어 좋은 요인으로서 작용한다.

책쓰기도 마찬가지다. 결국 책쓰기가 결론이 되지 않고 동기가 되어야 한다.

그렇다면 이렇게 말을 만들 수 있을 것이다.

책을 쓸 만한 사람이 책을 쓰는 것이 아니라 책을 쓰면 책을 쓸 만한 사람(작가)이 된다.

과학자에 빗대어 볼까?

유명한 과학자가 책을 쓰는 것이 아니라 책을 쓰면 유명한 과학자가 된다.

위대한 과학자가 책을 쓰는 것이 아니라 책을 쓰면 위대한 과학자가 된다.

05 과학자 인생 송두리째 바꾸기

이 책을 읽는 당신은 현재 인생에 만족하며 사는가?

매우 당돌한 질문이지만 매우 중요한 질문이기도 하다.

인생을 통째로 바꿀 수 있는 방법이 무엇이 있을까?

과학자라면 노벨상을 수상하거나 로또에 당첨되면 된다. 하지만 이것은 확률이 너무 적다. 특히 노벨상은 순수 과학에만 해당하기 때문에 응용 과학을 하는 사람들은 해당 사항조차 없다. 로또는 확률이 대략 800만분의 1이라고 한다. 로또가 2002년에 처음 출시했으므로 벌써 20년이 다 되어 가지만 주변에 1등 당첨된 사람을 본 적이 없다.

그렇다면 인생을 바꿀 방법은 도저히 없는 것인가?

아니다.

바꿀 수 있다.

그 정답은 바로 '내 책을 갖는 것'이다.

책쓰기를 통해 강연을 한다던가 주변의 인식이 달라진다고 하는 것은 어쩌면 상당히 작은 변화일 수 있다. 하지만 책쓰기는 그 이상의 효과를 가져올 수도 있다. 물론 확률은 높지 않지만 말이다.

그럼 그것이 과연 무엇일까?

책쓰기를 열심히 해서 책을 몇 권 출간하다 보면 우연찮은 행운이 찾아온다. 이러한 행운은 물론 본인이 어느 정도 책에 대해 헌신을 쏟을 때 가능하다. 별 영양가 없는 책을 수십 권 쓴들 누가 읽을 리 만무하며 인정도 해주지 않는다. 따라서 열정과 혼신을 녹여내 제대로 된 책을 써야 한다. 그리고 그 책 속에 미래에 대한 비전과 확신을 심어주자. 그러면 놀라운 일이 벌어진다.

〈일생에 한 권, 책을 써라〉의 양병무 작가는 책쓰기가 인생을 어떻게 바꾸는가에 대해 다음과 같이 이야기한다.

'인생이 바뀐다!'

- 우선 책을 읽은 사람들이 소감을 이야기해 준다. 이메일로 소감문을 써서 보내기도 한다. 책을 읽고 감동을 받아 자신도 벤치마킹을 하기로 했다는 결심을 들으면 저자로서 하늘을 날 것과 같은 기분이 든다. 또, 언론에라도 소개되면 여기저기서 알아보는 사람들이 생긴다. 마치 연예인이 된 기분까지 느낄 수 있다.

양병무, 〈일생에 한 권, 책을 써라〉

그럼 인생이 어떻게 바뀌는지 하나의 예를 들어보자.

우선 전국구 비례대표를 들 수 있다.

특히 여성 과학자에게는 아주 특효약이다. 책을 써서 유명해진 여성 과학자가 우리나라에 과연 얼마나 될지 궁금하다. 하지만 만일 그렇게 된다면 이것은 아주 좋은 기회이다.

우리나라 국회의원 선거에는 비례대표 자리에 과학 기술인을 항상 배치한다. 특히 여성 과학자에게는 더욱 그러하다. 책을 쓴 유명한 과학 기술인은 이 자리에 오를 기회를 가지게 된다. 쉽게 말해 책 쓰고 국회의원이 되는 것이다. 과학자로서 특히 여자로써 책을 가지고 있다면 국회의원에 도전해 볼 만하다. 그만큼 인지도도 생기고 어필할 것이 많기 때문이다.

1910년대에 미국의 중앙은행 시스템을 만든 미국 중앙은행의 아버지라고 불리는 사람이 있었다. 그 사람이 바로 '폴 워버그Paul Warburg'이다 (나는 지금 이분에 대한 책을 준비 중이다). 워버그는 본래 금융가로써 그다지 알려지지 않은 사람이었다. 하지만 워버그에게 미국 중앙은행의 시스템을 만드는 것을 가능하게 한 것이 바로 그가 쓴 책이었다. 그가 쓴 글을 보고 교수 중 한 명이 정부 관료에게 그를 추천했다. 그리고 그는 미국 중앙은행 설립 및 화폐 제도를 만드는 주인공이 되었다. 폴 워버그가 미국 중앙은행의 아버지로 불리게 된 결정적 이유는 바로 책이었다. 책 하나가 그의 인생을 송두리째 바꾸어 버린 것이다.

과학자도 워버그처럼 제대로 된 책을 쓴다면 보다 더 넓은 세상에서 일할 기회가 생길 수 있다. 정부 각료나 각종 위원회 그리고 과학 기술 정책을 입안하거나 국가 중요 계획을 세우는 것에 동참할 기회가 주어진다. 가령 청와대 민정수석이 과학자 한 분이 쓴 책을 읽고 감명을 받아 그 과학자를 추천한다고 치자. 그 과학자에게는 우리 인류를 위해 보다 더 멋진 일에 종사할 기회가 주어진다. 인생이 바뀌는 것이다.

책은 과학자를 유명 강사로 바꿀 수도 있다. 과학자가 쓴 책을 바탕으로 강연에 나서고 강연에 나서다 보면 명강사가 될 수 있다. 또 명강사를 바탕으로 다시 책을 쓰고 강연을 하고 이런 식으로 계속 자신의 역량을 쌓아 올린다면 나중에 무슨 일이 벌어질지 누가 알겠는가?

결국 부지런한 새가 벌레를 잡아먹기 마련이다. 책쓰기는 내가 전혀 예상하지 않은 방향으로 나를 이끄는 마력이 있다.

06 굳이 과학 분야의 책을 쓰지 않아도 된다

책쓰기를 처음 시작할 때 가장 큰 고민이 무엇일까?

그것은 어떤 주제의 책을 쓸까 하는 것이다. 사실 이게 가장 난감하다. 상식적으로는 내가 잘하는 분야의 책을 쓰는 것이 맞다. 하지만 이것은 절대적인 것이 아니다. 자기 분야가 아니라도 상관없다. 오히려 전공 분야가 아닌 다른 분야의 책을 써서 성공한 사람이 허다하다.

가령 운석을 전공한 과학자가 있다고 치자. 전공 분야가 운석학이므로 운석에 대한 책만 써야 할까?

그건 절대 아니다.

운석 분야에 대한 책을 쓰기란 아무래도 한계가 있다. 운석에 관심이 있는 사람이 많지 않을뿐더러 운석에 관해 책을 발간해 줄 여유 있는 출판사가 많지 않기 때문이다.

이 책의 제목이 '책쓰기가 만만해지는 과학자 책쓰기, 독학으로 터득한 하루 15분 책쓰기의 완결판'이다. 내가 왜 이런 제목을 정했을까?

과학자보고 책을 쓰라고 하면 책 쓸 시간이 없다고 할 것이기 때문이다. 분명히 대부분 '나는 연구하기도 바쁜데 어떻게 책 쓸 시간이 있겠습니까?'라고 할 것이다. 그래서 생각해낸 것이 15분 책쓰기다.

아무리 시간이 없는 바쁜 과학자라고 할지라도 하루 15분 정도는 시간을 낼 수 있을 것이다. 그래서 딱 15분만 시간을 내 자신만의 책쓰기를 하라는 마음에서 책 제목을 이렇게 지었다. 내 나름대로 아주 고민해서 지은 제목이다. 실제 이 책의 초고도 그렇게 썼다. 하루에 15분씩만 철저하게 썼다.

사회생활을 해 보면 다양한 분야의 직업군을 접하게 된다. 특정 직업을 가진 사람들을 보면 가끔 이런 의문을 가질 때가 있다.

저 사람은 저 직업을 어떻게 가지게 되었을까?
대한민국에 전공을 살려서 일하는 사람이 과연 얼마나 될까?

자기 전공 분야에 맞는 일을 하는 사람은 하늘의 축복을 받은 사람이다. 대부분 자기 전공 분야에서 일하지 않는다. 전혀 다른 분야에서 일하는 사람이 대부분이다. 내 직장 동료나 친구들을 봐도 자의반 타의반으로 본인 전공과 전혀 다른 일을 하는 사람이 아주 많다.

책쓰기에 대해서도 같은 이론이 적용된다.

과학자가 과학 책쓰기를 하는 것은 어떻게 보면 당연한 이치이다. 하지만 나는 그것을 반대한다.

과학자라고 굳이 전공 분야의 책만 쓸 필요가 없다. 기계공학을 전공한 사람이 생물에 대한 어린이 책을 쓸 수 있다. 그리고 유체역학을 전공한 과학자가 시집을 낼 수도 있는 것이다.

우리는 이런 고정관념에서 벗어나야 한다. 고정관념에서 벗어나면 무엇이든지 할 수 있다. 독실한 기독교 신자인 과학자가 불교 경전에 대해서 책을 쓸 수도 있고 불교 석탑의 아름다움에 대한 책을 쓸 수도 있다. 그래서 나는 다양한 책을 써 볼 것을 권한다. 과학자라는 이유로 매우 특이하게 보여 출간이 더 쉬울 수도 있다.

사람은 하나의 목표를 달성할수록 더 높은 목표를 세우기 마련이다. 실제 책을 쓰는 유명 작가들을 보면 본인 전문 분야가 아닌 전혀 다른 분야의 책을 많이 쓴다. 이들은 주로 자신의 관심 분야를 냉철한 시각에서 바라보고 본인이 가진 필력과 명성을 이용해 베스트셀러로 탄생시키는 비상한 재주를 가지고 있다.

과학자들도 이런 점을 명심해야 한다. 본인 전공 분야의 책을 써도 되지만 좀 범위를 넓혀서 다양한 분야의 작가가 되기를 권한다.

07 주변에서 보는 시각이 달라진다

　책을 출간하고 초판을 집으로 가져가 가족에게 보여주면 어떻게 반응할까? 내 경험으로는 배우자는 그다지 표현하지 않지만 매우 자랑스러워한다. 자식들은 어떨까? 어리면 잘 모른다. 하지만 그들도 언젠간 성인이 된다. 그리고 나의 진가를 알아볼 것이다(물론 가족들에게 인정받기 위해 책을 쓰는 것은 절대 아니다!).

　나는 첫 번째 책을 출간하고 나를 바라보는 시각이 완전히 달라졌음을 느꼈다. 책의 위력을 제대로 느꼈다. 그래서 나는 일 년에 2권씩 책을 쓰기로 결심했다. 10년이면 20권, 20년이면 40권, 30년이면 60권이다. 일생 동안 정해 놓은 책 목표량이 100권이니 앞으로 50년만 살면 가능할 것도 같다.

출판사에 투고하고 기다리고 계약까지 하고 나면 출간 일정에 밀려 또 몇 개월을 기다려야 한다. 그러다 보면 일 년에 책 두 권 출간하는 일이 결코 쉽지 않다. 그래서 책은 동시다발적으로 계속 쓰는 것이 좋다고 본다. 나도 지금 동시에 6권을 작업하고 있다.

책을 출간하면 주위의 질투 아닌 질투를 받게 된다. 책을 쓰는 것이 그들에게 있어서는 그만큼 대단한 일이기 때문이다. 호랑이는 죽어서 가죽을 남기고 사람은 이름을 남긴다는 말처럼 살아생전에 제대로 된 책 한 권 출간하는 것은 여러모로 상당히 의미 있는 일이다.

이미 수많은 사람들이 해냈지만 아무나 할 수 없는 일이 책쓰기다. 중요한 것은 앞에서 뭐라고 하건 뒤에서 욕을 하건 말건 무조건 책을 쓰라는 것이다. 책을 출간하는 순간 당신에 대한 평가는 밑으로 내려가지 않는다. 오히려 수직 상승한다.

나의 첫 책 발간 전에 방송 기자인 친형이 이미 3권의 책을 출간하였다. 그래서 부모님께서 느끼는 기쁨과 희열은 생각보다 크지 않았다. 다만 '너도 썼어?' 정도였던 것 같다. 하지만 속으로는 엄청 기뻐하셨으리라 생각한다. 그게 부모의 마음이기 때문이다. 또한 친구들에게도 엄청 자랑하셨으리라 믿는다. 하지만 이런 주위 반응을 통해 괜히 효도한 느낌도 들고 스스로 자존감도 많이 살아난다.

특히 강조하고 싶은 것은 책쓰기가 과학자 본연의 연구에도 도움이 된다는 사실이다. 책을 쓴 작가라고 하면 아무래도 본인 스스로도 자부심이 생기고 외부적으로도 인정을 받는다. 때문에 연구 분야까지 동반 상승하는 시너지 효과를 누릴 수 있다. 이러한 효과를 이용해 더 폭넓고 다양한 분야의 연구를 수행할 수 있다.

결국 핵심은 과학자로써 연구와 책쓰기를 동시에 생각해야 한다는 것이다. 그러면 동반 상승의 효과를 톡톡히 누릴 수 있다. 주제가 달라도 상관없다. 오로지 동반 상승만 시킬 수 있다면 그것으로 족하다.

08 국내 저자의 책이 별로 없다

　일전에 공부법에 대한 책을 쓴 적이 있다. 공부법은 내가 공부를 하면서 느낀 점을 기억해 두었다가 정리해서 낸 책이다. 이 책을 쓰면서 알게 된 사실은 공부법에 관한 한 일본 책이 대다수를 이룬다는 것이다. 과거 하버드 수석 홍정욱의 〈7막 7장〉이나 막노동 출신 서울대 수석 장승수의 〈공부가 가장 쉬웠어요〉처럼 특이한 이력을 가진 사람들이 스토리텔링 식으로 쓴 공부법을 제외하고는 공부법 책은 대부분 일본 번역서였다.

　과학에 관한 책도 이와 다르지 않다. 대부분의 과학 베스트셀러를 찾아보면 외국 번역서이다. 주로 세계적인 과학자들의 저서가 외국 베스트셀러에 오르는 것을 기다렸다가 라이선스를 받아 국내에서 출간하는 형태를 취한다. 학자의 지명도와 인지도, 그리고 출판사의 마케팅 능력,

자극적인 제목과 훌륭한 서평, 파워 블로거의 광고 등이 결합되어 우리나라에서도 베스트셀러를 차지한다. 이런 현상은 이미 오래전부터 꾸준히 반복되고 있다. 외국의 우수한 서적들이 번역되어 들어오는 이유도 있겠지만 우리 과학 출판이 그만큼 출판 선진국에 비해 뒤처진다는 것을 의미한다. 이를 돌려 생각해 보면 그만큼 우리 과학자들이 침투할 영역(?)이 많다는 것이 된다.

현재 과학 분야의 베스트셀러를 보면 외국 베스트셀러의 번역본 외에는 대부분 사례를 중심으로 과학 기술이 실생활에 어떻게 적용되고 있는가를 설명하는 부류의 책이다. 지난 10년 동안 베스트셀러 자리를 차지하고 있는 정재승 교수의 〈정재승의 과학콘서트〉가 대표적인 예이다. 이게 아니라면 수험과 관련이 있는 책들, 가령 최근에 인기인 김민형 교수의 〈수학이 필요한 순간〉과 같은 책이 두각을 나타내고 있다. 통계를 확인해 보니 지난 10년 동안 과학 베스트셀러 250권 중 170여 권이 외국 번역서였다. 그만큼 국내 저서의 비중이 다른 분야에 비해 적은 편이다.

우리 과학자들은 그동안 논문 작성에 열을 올렸지 논문 외에 과학 도서에는 크게 관심을 가지지 않았던 것이 사실이다. 따라서 이러한 시장에 조기에 진입하여 작가로서 결정적 한 방을 날릴 기회가 무궁무진하다.

물론 과학 분야에서 조남주 작가의 2018년 히트작 〈82년생 김지영〉과 같은 밀리언셀러를 만들기는 쉽지 않다. 과거에는 한 해에 밀리언셀러가 여러 편 나왔으나 최근에는 밀리언셀러 찾기가 하늘에 별 따기다. 사람들이 책을 사지도 읽지도 않는다(다들 스마트폰을 사랑한다!).

그렇다고 출판 시장을 포기할 것인가? 절대 그렇지 않다. 출판 시장은 분명히 과거에 비해 위축되고 있지만 다른 한편으로 또 다른 모양새로 변모하고 있다. 출판 산업은 어떻게든 다시 살아날 것이다. 따라서 책쓰기는 아직도 희망이 있다. 절대 포기하지 말자!

과학 기술 책은 한방이 있는 베스트셀러보다는 꾸준히 팔리는 스테디셀러가 될 수 있다. 따라서 출간 이후 꾸준히 팔릴 수 있는 양질의 책을 써야 한다. 노력하면 안 될 것이 없다. 다만 노력을 하지 않았을 뿐이다.

09 과학자는 별도의 자격증이 없다

판검사와 변호사, 세무사, 노무사, 회계사, 변리사와 같은 전문 자격증 소지자와 과학자의 차이점이 뭘까?

바로 자격증의 유무이다.

과학자는 자격증이 없다. 학위를 자격증이라고 볼 수 없기 때문이다.

하지만 과학자에게도 전문 자격증에 필적하는 강력한 무기가 있다. 바로 책이다.

우리 역사를 보면 위대한 역사적 인물들은 높은 자리에 있던 사람 외에는 죄다 책을 쓴 사람들이다. 김부식 하면 〈삼국사기〉, 일연 하면 〈삼국유사〉, 정약용 하면 〈목민심서〉, 허준 하면 〈동의보감〉을 떠올리는 이유가 무엇일까? 그들은 역사에 길이 남는 책을 썼기 때문이다.

책을 쓰지 않은 사람 중에 전문가는 있지만 책을 쓴 사람 중에 전문가가 아닌 사람은 없다. 설령 전문가가 아닌 일반인도 책을 쓰는 과정에서 어느 순간 전문가가 된다. 책을 쓰기 위해서는 그 수십 배의 책을 읽어야 하고 엄청난 심사숙고를 해야 하기 때문이다.

과학자도 마찬가지다. 책을 쓰지 않은 과학자는 훌륭한지 아닌지 일반인은 잘 알 수 없다. 이렇듯 책은 전문가에게 필요충분조건과도 같다.

책을 발간하여 유명해진 인물로 대한민국 과학자였으며 과학 전문 칼럼니스트 1호였던 이인식 칼럼니스트를 들 수 있다. 이분은 서울대학교 전자공학과를 졸업하고 과학문화연구소장, 지식융합연구소장, 문화창조아카데미 총감독, 국가과학기술자문회의 민간위원을 지낸 분이다. 이 위원은 수많은 과학 잡지와 일간지, 정기간행물에 과학 관련 칼럼을 연재하고 이 칼럼들을 모아 60권이 넘는 책을 냈다. 주요 저서로는 〈미래는 어떻게 존재하는가〉, 〈21세기 키워드〉, 〈현대 과학의 쟁점〉, 〈나노 기술이 미래를 바꾼다〉, 〈미래 교양 사전〉, 〈짝짓기의 심리학〉, 〈세상을 바꾼 20가지 공학기술〉, 〈4차 산업혁명은 없다〉, 〈공학이 필요한 시간〉, 〈마음의 지도〉가 있다. 이 중에서 들어본 책 이름도 많을 것이다.

놀라운 것은 이 위원이 석박사가 없는 학사 출신이라는 것이다. 사실 과학 기술 분야에서 석박사가 아닌 학사 출신이 이렇게 풍성한 양질의 책쓰기를 하는 것은 그 유례를 찾아보기 힘들다. 이처럼 책은 불가능을 가능하게 하는 마력을 가지고 있다.

최근에는 이 작가께서 청소년을 위한 책을 많이 출간하고 있다. 그는 '한국의 미래를 책임질 청소년들에게 공학의 재미를 전해주고 싶다'며 지금도 열심히 활동하고 있다.

지금 현재까지 살아온 인생을 되돌아보라.

책을 한 권도 쓴 적이 없는가?

그러면 책을 써라.

책을 쓸 생각이 없는가?

그러면 생각을 바꿔라.

과학자 중 평범한 일인이 될 것인지 세상에 이름을 떨칠 유명한 과학자가 될 것인지는 책을 쓰느냐 마느냐에 달려있다.

PART 2 왜 15분 책쓰기인가?

• 매일 15분씩 책을 써야 하는 이유 •

01 하루 15분으로 책쓰기가 충분할까?

하루 15분으로 책쓰기가 가능할까? 가능하다. 아주 쉽다. 실제 나는 이 책도 15분 책쓰기로 썼다. 그것도 하루에 두 번 총 30분씩 썼다. 이 책의 초고를 완성하는 데 걸린 시간은 딱 한 달이었다.

그럼 어떻게 이것이 가능할까?

하루에 15분간 한 꼭지 즉 3페이지(책 페이지 기준으로! A4 기준이 아니다!)를 쓰면 된다. 초고를 180페이지로 가정해 보면 3페이지를 쓰면 60개 정도의 꼭지만 쓰면 된다. 그러면 책 한 권 분량의 초고가 완성된다. 15분 책쓰기로 2달에 책 한 권을 쓰는 것이다. 두 달이 너무 길다고? 그러면 15분 책쓰기를 하루에 2번 하면 된다(나도 실제 이렇게 했다! 두 달은 좀 길다). 그렇게 하면 한 달이면 책 한 권이 완성된다.

산술적으로 계산해 보면 1달에 한 권이니 1년이면 12권의 책을 쓸 수 있다. 넉넉하게 하루에 1꼭지만 써도 1년이면 6권을 쓸 수 있다. 이게 15분 책쓰기의 위력이다. 15분으로 충분함을 알 수 있다. 15분(3페이지)이 60개가 쌓이면 책 한 권 분량이 된다. 티끌 모아 태산이다.

그럼 15분 책쓰기는 어떻게 하는 것일까?

아주 간단하다.

15분간 그냥 쓰면 된다. 아무 생각하지 말고 그냥 즉흥적으로 써야 한다. 무슨 소리가 나오건 무슨 실수를 하건 상관없다. 그냥 쓰기만 해야 한다. 도중에 멈추면 안 된다.

이게 도대체 무슨 귀신 씻나락 까먹는 소리냐고?

의심을 가지지 말고 그냥 열심히 쓰면 된다. 다년의 경험을 통해 나온 나의 결론이자 확신이다. 책은 무조건 써야 한다. 뒤를 보지 말고 앞만 보고 무식하게 달려 나가야 한다. 목표점? 그런 거 필요 없다. 무조건 써라. 그게 정답이며 살길이다. 왜 그런지는 나중에 가면 자연히 알게 될 것이다.

난 15분이란 시간을 가장 좋아한다. 우리 젊은 세대들은 과거 훈장님 앞에 무릎 꿇고 몇 시간씩 수업을 듣던 그런 세대가 아니다. 오랜 시간 앉아있는 것은 말 그대로 고문이다. 고문이 별것이겠는가? 인간의 본성과 본능, 인내력을 넘어서게 하면 그게 바로 고문이다.

나는 인간이 집중할 수 있는 시간을 최대 15분으로 보고 있다. 이는 나의 다년간의 경험에 의한 것이다. 15분이 지나면 다들 눈이 감기거나 눈의 초점이 흐려진다. 본능적으로 딴 생각을 하기 시작한다. 따라서 글쓰기도 15분이 좋다는 결론에 이르게 되었다. 15분이 넘어서면 하루 글쓰기를 시작할 때 있던 총기는 다 사라지그 점점 이상한 글을 써가는 자신을 바라보게 된다. 이래서 글쓰기는 하루 15분이 좋다.

우리는 책 한 권을 하루나 일주일에 쓰지 않아도 된다. 만일 그렇게 쓰려고 했다가는 써 놓고도 후회한다. 생쌀이 재촉한다고 밥이 되지 않는 법이다. 뜸을 들여야 맛난 밥이 되는 것과 비슷한 이치다.

아까 내가 말한 무조건 즉흥적으로 쓰라는 말드 유효 시간이 딱 15분이다. 이 시간을 넘어서면 책을 써도 잡서 수준의 글 밖에 나오지 않는다. 15분간 딱 미쳐서 3페이지만 쓰자. 그 정도면 충분하다.

하루 3페이지만 쓰면 한 달이면 90페이지 분량이 나온다. 하루에 두 번 15분 책쓰기를 하면 180페이지 분량이다. 이것을 편집하면 200페이지 가량 된다. 여기에 퇴고를 거치다 보면 240페이지가 넘는 한 권 분량의 책이 탄생하게 된다.

나는 개인적으로 책은 최소 200페이지는 되어야 한다고 생각한다. 그게 책을 사는 독자들에 대한 예의인 것 같다. 요즘에는 책 종이의 두께가 천차만별이라 200페이지 책이 300페이지 책보다 두껍게 만들어지기도 한다. 따라서 책의 분량이 200페이지 이하라면 두께를 생각해서 책 제작 시 두꺼운 종이를 쓰는 것이 좋다(책이 너무 얇으면 돈 주고 사기 싫어진다).

종합적으로 계산해 보면 15분에 한 꼭지(3페이지)를 쓰고 이것을 하루에 두 번(아침에 한 번! 저녁에 한 번!) 하면 하루에 6페이지를 쓰게 된다. 한 달이면 책 한 권 분량으로 손색이 없다. 이렇게 쓰다 보면 한 달에 책 한 권의 초고가 완성된다.

02 하루에 15분은 누구나 낼 수 있다

　하루에 15분 시간으로 책쓰기를 하라고 한다던 다들 너무 짧은 시간이 아니냐고 반문할지도 모른다. 그러나 실상을 알면 전혀 그렇지가 않다. 15분이라면 그저 담배 한 대 피울 시간, 아메리카노 한잔할 시간이라고 생각할지 모른다. 하지만 전혀 그렇지가 않다. 15분을 어떻게 활용하느냐에 따라 15분은 긴 시간이 될 수도 있고 아주 짧은 시간이 될 수도 있다.

　〈순서가 한눈에 보이는 정리기술〉을 쓴 일본의 유명 작가 니시무라 아키라는 '15분 단위로 움직여라'라고 주장한다. 15분이 무엇인가에 집중할 수 있는 가장 좋은 시간이고 15분 단위로 시간을 써야 시간을 입체적으로 활용할 수 있다고 주장한다.

가령 1시간 30분을 가야 하는 기차를 탔다고 가정해 보자. 시간을 이렇게 입체적으로 활용하는 것이 좋다.

15분 : 신문 읽기
15분 : 낮잠 자기
15분 : 음악 듣기
15분 : 글 쓰기
15분 : 책 읽기
15분 : 낮잠 자기

니시무라 아키라 작가는 시간을 입체적으로 활용하는 법을 잘 알고 있었다. 나는 이분이 이야기한 15분 시간법을 그 이후로 적극 활용하고 있다. 멍하니 흘려버릴(대부분 스마트폰을 하거나 잠을 잔다) 시간을 소중하게 활용하는 것이다.

이분이 왜 15분 단위로 시간을 끊어서 활용했을까? 거기에 바로 정답이 있다.

나는 15분이 인간이 최소 단위로 무엇인가를 할 수 있는 시간이라고 생각한다. 또한 누구나 손쉽게 낼 수 있는 시간이라고 생각한다. 따라서 15분이 없다는 것은 누구에게나 변명에 불과하다. 아침에 15분 일찍 일어나면 되고 점심 먹고 남는 시간에 15분을 확보하는 것은 어렵지 않다. 그리고 자기 전 15분을 확보하는 것도 아주 쉬운 일이다. 이 정도 시간을 확보하지 못하고 시간이 없다고 하는 것은 영화 대사처럼 '비겁한 변명'에 불과하다. 따라서 직장인이건 학생이건 누구나 확보할 수 있는 최소한의 시간이 15분인 것이다.

나는 여기에 주목했다. 누구나 15분을 낼 수 있다면 이 시간에 책쓰기를 하는 것이 어떨까? 물론 이 주장은 다른 분야에도 널리 통용될 수 있다. 매일 15분씩 요가나 스트레칭을 하는 것도 가능할 것이고 러닝머신을 뛰거나 자전거를 탈 수도 있을 것이다.

우리가 주목해야 하는 것은 누구나 15분을 하루 중 언제든지 낼 수 있다는 것이다. 그리고 우리는 그 시간에 책쓰기를 해야 한다. 나의 이런 주장에 반대할 사람은 없으리라고 본다. 책쓰기는 인생을 바꾸고 세상을 바꿀 수 있으니까.

지금부터 하루에 15분의 시간을 내서 책쓰기를 당장 시작하라. 처음에는 15분이란 시간이 너무 짧게 느껴질 수도 있다. 그러나 15분간 온전히 최대한 책쓰기에 집중한다면 한 번에 3페이지, 하루에 두 번이라면 30일이면 책의 초고인 180페이지를 완성할 수 있다. 직접 실행에 옮긴다면 놀라운 일이 벌어질 것이다. 그것은 거짓말이 아니라 현실이다. 직접 체험해 보시길 바란다.

03 만일 하루 15분이 부족하다면

에이 하루 15분 써서 어느 천년에 책 한 권을 다 쓴단 말이야? 이렇게 물을지도 모르겠다. 나는 감히 단언한다. 15분이면 충분하다고. 이 시간을 넘어서면 배가 산으로 가게 되어 있다. 나는 이것을 확실히 느꼈다. 15분 넘게 집중하다 보면 집중력이 흩어져서 아무 소용이 없다. 글을 못 쓴다는 것이 아니다. 집중력이 떨어진다. 이런 상태로 글을 쓰면 글의 품질이 떨어져 나중에 통째로 다시 써야 하는 상황이 발생할 수도 있다.

TV 프로그램 중 '세바시'라고 있다. 세바시는 '세상을 바꾸는 시간'의 줄임말로 각 분야의 유명한 전문가가 나와서 15분간 강의를 한다. 나는 이런 강의가 아주 마음에 든다. 왜냐하면 인간이 집중할 수 있는 최대의 시간이 15분이기 때문이다. 15분간 필요한 말만 하는 것이 가장 좋은 강의다.

회사 생활에서도 15분은 무엇을 하는 데 가장 좋은 시간이다. 회의 시간이 15분을 넘으면 회의가 아니다. 그건 토론이다. 그래서 나는 회의 시간도 핵심만 이야기하고 최대한 짧게 끝내려고 노력한다. 최근에 티타임 회의나 스탠딩 회의가 많이 늘어나는 것도 이러한 추세를 반영한 것이다.

처음 15분간 책쓰기를 한다면 느낄 것이다. 시간이 너무 짧다는 것을. 그래서 15분은 온전히 책쓰기 시간으로 보내야 한다. 책쓰기 외에 구상하고 고민하는 시간은 따로 가져야 한다. 이런 고민은 출퇴근 시나 화장실 혹은 식사 시 하면 된다.

책을 쓰기 위해 주제를 정하고 목차만 4~8개 정도로 잡아 놓으면 세부 목차(흔히 책쓰기의 가장 작은 단위로 꼭지라는 표현을 실무에서 씀!)는 쓰면서 만들면 된다. 목차 작성은 한 번에 해결하려고 하지 말자. 대략적인 개요만 세워 놓고 쓰면서 하나씩 생각나는 것을 보완해 나가면 된다. 어느 정도 수준에 오르면 그것을 느낄 수 있다. 대략적인 뼈대만 잡으면 나머지는 저절로 해결되는 놀라운 사실을 말이다.

하루 15분이 부족하다면 그것은 내공이 부족한 것이다. 15분을 30분으로 늘려봤자 다를 것이 없다. 15분에 안 되는 사람이 30분이고 60분에 될 리 무방하다. 따라서 15분에 온전히 책쓰기에 집중하는 훈련을 해야 한다.

이러한 훈련은 특별한 기술이 필요한 것도 아니다. 그냥 생각나는 대로 써 내려가면 된다. 마치 서퍼가 파도를 타듯이 책쓰기의 바다에서 물결의 흐름을 타고 써 내려가면 된다.

그런데 대부분의 사람들이 이것을 못한다. 왜일까? 너무 잘 쓰려고 하기 때문이다.

모든 초고는 쓰레기라고 보면 된다. 초고를 한 번도 고칠 생각을 하지 않는가? 절대 아닐 것이다. 따라서 너무 잘 쓰려고 하지 말고 그냥 흐름에 맡기면 된다. 15분은 글쓰기를 위한 알맞은 시간이다. 글쓰기 시간을 절대 늘리려고 하지 말고 15분 법칙을 준수해 보라. 놀랍게 15분을 집중하는 당신을 보게 될 것이다. 15분씩 하루에 두 번, 한 달이면 초고의 마법이 현실이 된다. 당신의 지니는 호리병 속에서 책 초고를 가지고 나와서 당신을 향해 미소 지을 것이다. 쓰느라 수고했다고.

04 15분 책쓰기로 한 달에 책 한 권

산술적으로 계산해 보자. 하루 15분씩 두 번, 3페이지(1꼭지)씩 쓴다면 30일이면 초고 완성이 가능하다. 산술적으로 계산하면 그렇게 나온다. 나는 책쓰기도 관성이 있다고 생각한다. 따라서 탄력이 붙으면 초고가 완성될 때까지 다른 곳에 집중력을 분산시키지 말고 온전히 책쓰기에 올인해야 한다.

하루에 6페이지(2꼭지)씩 쓰면 30일이면 180페이지(60꼭지)가 완성된다. 사실 180페이지로는 책을 내기에 부족하다. 여기서 편집의 마법을 추가하면 200페이지까지 어렵지 않다. 여기서 퇴고를 수 차례 거치면 보란 듯이 240페이지가 넘는 책이 완성이 된다. 나는 책의 마지노 페이지를 180페이지로 본다. 하지만 개인적으로는 200페이지는 되어야 한다고 생각한다.

최근에는 페이지 수가 적은 책도 많이 출간되고 있다. 2018년 100만 부가 넘게 팔린 조남주 작가의 〈82년생 김지영〉도 페이지 수는 192페이지밖에 되지 않는다. 책의 질은 페이지 수가 좌우하는 것이 아니다. 다만 책 페이지가 너무 작으면 서점에 서서 다 읽어버릴 수도 있으므로 적당 수준은 되어야 한다.

하루에 15분씩 두 번 투자해 원고가 30일 만에 완성이 되었다고 치자. 이제 그다음에 무엇을 해야 할까? 매일 15분씩 퇴고를 해야 할까? 정답은 노No다. 내가 말하는 15분 책쓰기는 초고를 쓸 때의 시간을 말한다. 퇴고를 하는 방법과 초고를 쓰는 방법은 달라야 한다. 초고는 원고의 대략적인 틀(기초 혹은 뼈대)을 짜는 것이고 퇴고는 초고를 완성된 원고로 바꾸는 작업이다.

내가 초고를 15분에 아무 생각 없이 본능적으로 쓰라는 이유도 여기에 있다. 15분 이상 고민해 봤자 본인 그릇에서 나올 것은 그것이 전부이다. 더 이상 고민해도 달라질 것이 없다. 그것이 바로 본인의 실력이다.

초심자들이 겪는 쓰레기(?)의 초고는 그럼 책으로 영영 만들 수 없는 것일까? 전혀 그렇지 않다. 쓰레기는 퇴고의 과정을 통해 미운 오리새끼에서 우아한 백조로 환골탈퇴하게 된다. 여기에 퇴고의 놀라운 마법이 숨어 있다. 전혀 다른 글로 변모한다.

책쓰기도 하다 보면 늘게 되어 있다. 나도 책쓰기를 어떻게 하면 잘할까 고민을 참 많이 했다. 특히 책쓰기 관련 책이 시중에 엄청나게 나와 있어서 거의 전부 읽어본 것 같다. 처음 몇 권만 유심히 보면 나머지 책들은 다 거기서 거기임을 알게 된다. 서로 베끼는 것도 아닐진대 내용이 죄다 비슷하다. 공유하는 것이 비슷해서라고 믿고 싶다.

여하튼 30일 만에 초고가 나올 것이고 30일 동안 만들어진 초고는 별도의 퇴고 작업을 거쳐 완결된 형태의 원고가 될 것이다. 퇴고에 대해서는 나중에 설명하겠지만 꽤 시간이 걸린다. 그리고 초심자들은 본인들의 퇴고를 완벽하게 한들 출판사에서 난도질당하기 일쑤다. 출판사에서는 소위 '교정과 교열, 윤문' 작업을 한다. 여기서 주어 동사의 어울림이나 어색한 문장, 지나치게 긴 문장들은 수정 작업을 거쳐 매끈한 문장으로 바뀌게 된다.

초고를 완료할 때까지 한 달 30일은 무조건 초고에 집중하자. 15분씩 하루에 두 번 투자를 하자. 그리고 이 작업을 매달 하자. 그러면 초고가 일 년에 열두 권이 쌓인다. 여름철 두 달 쉬어도 10권이다. 티끌이 모여 태산을 이루듯이 하루에 15분씩 투자하는 시간이 일 년에 열 권 이상의 초고를 만들어낸다.

05 직장인에게 효과 만점 = 15분 책쓰기

직장인들은 참 바쁘다. 시간 내기가 쉽지 않다. 또한 직장인들의 재직 수명은 너무도 짧다. 평생직장이 없어지고 누구나 고용 불안에 시달리고 있다. 이런 걱정을 내 주변 친구들도 너나없이 하고 있다.

나는 이런 친구들에게 책쓰기에 도전하라고 항상 권유한다. 하지만 돌아오는 답변은 너나 쓰라는 것이다. 바빠서 쓸 시간이 없다고 한다.

나도 책을 쓰면서 이런 경험을 한 적이 있다. 업무와 관련된 책을 썼다고 했더니 '일이 얼마나 편하면 책을 쓰냐' 부터 '시간이 남아 도냐' 하는 핀잔을 들어야만 했다. 근무 시간에 책을 쓴 것도 아닌데 말이다(따라서 직장인이라면 책을 출간할 때까지 회사에 비밀로 하는 것이 좋다!).

직장인들은 항상 피곤하다. 새벽에도 간신히 일어나고 낮에도 피곤하고 저녁에는 녹초가 된다. 피로에 지친 직장인들을 보면 너무 안타까워 '책을 쓰세요!'라고 하고 싶지는 않다(마음으로는 그렇다는 말이다). 하지만 그럼에도 불구하고 써야 한다. 쓰면 반드시 그리고 분명히 달라진다. 15분이면 가능하다. 15분은 부담스러운 시간이 아니다. 업무와 관련성이 있다면 더욱 그렇다.

과학자들은 이 정도로 시간에 쫓기지 않으리라 생각한다. 과학이란 학문이 창의성을 바탕으로 논리를 세우고 고민을 해서 사건을 해결해 가는 과정이기 때문이다. 그래서 일반 기업처럼 근무 강도가 타이트하지 않다. 따라서 과학자들은 참 책쓰기 좋은 환경에 있다. 보통 박사급 정도 되면 개인 연구실을 받을 수 있으므로 더욱 그러하다.

시간이 없다고 책을 못쓰는 것만큼 우울하고 답답한 것은 없다. 반드시 시간을 내라. 그리고 없는 시간을 확보하라. 그리고 써라. 무조건 써라. 그러면 또 다른 세상이 열릴 것이다. 달라진 내 모습을 발견하게 될 것이다.

보통 회사의 정년이 50세에서 60세라고 한다면 작가로서의 삶은 100세까지 충분히 가능하다. 작가의 삶에는 정년이 없다. 따라서 직장인일수록 제2의 인생이나 노후를 위해서라도 반드시 책쓰기를 권한다. 책쓰기가 나의 또 다른 인생을 찾아 줄 것이다.

사람들은 석사, 박사, 최고위 과정 등 학위를 쌓기 위해 많은 돈과 시간을 투자하면서도 정작 책쓰기를 위해서는 비용과 시간을 투자하지 않는다. 학위도 결국 희소성이 있어야 가치가 있는 것이다. 요즘에 석사는 기본, 박사는 너무 많아 우리 사회에서 다 수용할 수가 없을 정도다.

물론 개인적 지적 호기심 충족이나 동문을 만들려는 목적이라면 그 정도 투자는 필요할 것이다. 그러나 과학자가 아닌 직장인이라면 학위를 따기 위해 노력하는 것보다 차라리 그 시간에 책쓰기를 하라고 권하고 싶다. 책쓰기가 박사학위보다 훨씬 더 강력하기 때문이다. 그리고 저자가 되면 더 많은 지적 호기심이 충족되고 학위를 딸 때보다 더 많은 사람을 알게 될 것이다.

15분 책쓰기는 바쁜 직장인을 위한 최고의 책쓰기 방법이다. 하루에 30분 정도 시간을 낼 수 없는 사람은 거의 없을 것이다. 그래서 우리 사회에서 보편적인 일상을 사는 사람이라면 15분 책쓰기는 해봄직한 프로젝트다.

책은 생각하고 쓰면 안 된다. 본능에 스스로를 맡기고 써야 한다. 머리로 쓰는 것이 아니고 손으로 쓰는 것도 아니다. 본능으로 쓰는 것이다. 본능으로 쓰기 위해서는 15분 책쓰기를 몸으로 익혀야 한다.

우리가 골프를 칠 때나 수영을 할 때 코치들이 항상 힘을 빼라고 하는 것도 자연스러운 경지에서 제대로 된 자세가 나오기 때문이다. 책쓰기도 힘을 빼고 부드럽고 자연스럽게 쓰는 것이다. 처음에는 잘 안 된다. 하지만 쓰다 보면 잘하게 되어 있다. 그게 진실이자 진리이다.

06 15분 책쓰기에 대한 편견

책쓰기를 하면서 사람들이 가장 많이 착각하는 것이 '내가 과연 책을 쓸 수 있을까' 하는 자기 의심이다. 자기 의심은 훌륭한 자질을 갖춘 수많은 사람들을 작가의 길에서 멀어지게 한다. 사실 작가란 것이 따로 정해져 있는 것이 아니다.

우리가 잘 아는 조정래, 김훈, 공지영과 같은 유명한 작가들이 처음부터 글을 잘 썼을까? 전혀 그렇지 않다. 그들도 부단한 노력과 열정으로 스타 작가의 반열에 오른 것이다. 시작은 다들 그러했다.

예전에 충남대학교 교수님이 쓴 글을 읽은 적이 있다. 그분은 〈태백산맥〉이라는 400만 부가 넘게 팔린 책을 쓴 조정래 작가에 대해 이런 글을 썼다.

'아무래도 조정래 작가가 작가로서의 감을 잃은 것 같다. 〈정글만리〉란 소설에서는 적어도 그렇다'.

나는 이 글을 읽고 일정 부분 공감이 가면서도 일정 부분은 틀렸다고 생각한다. 훌륭한 작가가 쓴 글이 모두 훌륭하다고 볼 수 없기 때문이다. 작가가 글을 쓰면 그중에서 작품성이 훌륭한 글, 대중적으로 인정받는 글도 있지만 그렇지 않은 글도 있다.

일전에 베토벤이 교향곡을 500곡 이상 썼는데, 그중 대중에게 사랑받고 유명한 곡은 10곡 정도라는 글을 읽은 적이 있다. 악성(樂聖)이라고 불리는 베토벤도 500곡 중 10곡 만 소위 히트를 쳤다. 나머지 곡들은 대중의 선택을 받지 못한 채 묻히고 말았다.

나는 책도 마찬가지라고 생각한다. 책쓰기도 결국 많이 쓰다 보면 훌륭한 책이 나오게 되어 있다. 내가 좋아하는 정지용 시인의 시집 중 '향수'와 같은 대중에게 알려진 시는 몇 편 되지 않는다. 천하의 정지용 시인도 유명한 시만 쓰는 것은 아니다.

대한민국에서 책을 가장 많이 썼다는 고정욱 작가는 현재까지 250권의 책을 썼다. 판매 부수도 400만 부가 넘는다고 한다. 고 작가는 죽기 전까지 500권의 책을 쓰는 것이 목표라고 한다. 책이 많이 팔린 비결에 대해 그는 이렇게 설명한다.

많이 써야 많이 얻어걸립니다. 제가 쓴 책 250권 중 15% 정도가 효자였습니다. 책이 나오면 수단과 방법을 가리지 말고 알려야 합니다. 저는 제 차에 제 책에 대한 광고 포스터를 붙이고 다닙니다.

책쓰기에 있어서 자기 의심을 떨치기 위해서는 무조건 써야 한다. 쓰다 보면 진리를 찾게 되어 있다. 쓰다 보면 실력이 늘어나게 되어 있다. 그래서 많이 써야 한다. 지금 쓰는 글이 쓰레기라고 할지라도 쓰다 보면 실력은 쑥쑥 자란다. 그래서 무조건 쓰기가 중요하다. 하루에 15분씩 무조건 써라. 매일매일 글쓰기가 나를 어느 순간에 진정한 작가로 만들 것이다.

하루 15분씩 쓰다 보면 시간이 짧다는 것을 느낄 것이다. 그래도 하루에 15분만 쓰자. 단 15분간 온전히 쓰기에 몰두해야 한다. 생각하는 시간을 제외하고 순수하게 쓰는 시간만 15분을 가져가야 한다. 그러면 15분간 온전히 글쓰기에 집중할 수 있다.

15분이 너무 짧다고?

여기서 더 쓰지 말자. 딱 15분간만 집중하자. 그리고 하루에 두 번 6페이지(2꼭지)만 쓰자. 이 책도 한 꼭지에 3페이지가 대다수를 이루고 있다. 2꼭지면 총 6페이지다. 15분씩 두 번 쓰면 충분히 쓸 수 있다.

처음에는 3페이지 쓰는 시간이 15분 이상 걸릴 것이다. 하지만 속도를 내보자. 빨리 쓴다면 15분이면 충분히 가능하다. 1꼭지를 쓰는 데 필요한 시간은 15분이다. 페이지 당 5분 정도에 쓰면 된다. 이렇게 쓰기 위해서는 생각을 하지 말아야 한다. 즉흥적이고 즉각적으로 써야 한다. 도중에 수정할 필요도 없다. 있는 그대로 죽 써 내려가자. 그러면 책쓰기가 가능해진다.

07 과학자에게 15분이란 시간

　연구소에서 근무하면서 과학자들의 생리에 다해 잘 알게 되었다. 과학자는 일반인과 특별한 차별점이 있다. 이러한 차별점은 전문 자격증 소지자와 비슷하다. 좋게 이야기하면 전문 분야에 대한 자부심이라고 할 것이고 반대로 이야기하면 자부심이 과할 경우 오히려 단점이 될 수 있다는 것이다. 나는 과학자라면 모름지기 자기 분야에 대한 자부심과 긍지를 가져야 한다고 본다. 다만 과유불급(過猶不及)이라는 말처럼 너무 지나치지 않기를 바랄 뿐이다.

과학자들이 잘못 생각하는 것 중 하나가 책쓰기가 본인에게 어떤 도움이 되는지 제대로 알지 못한다는 점이다. 과학자들은 논문, 연구 보고서는 누구보다 잘 쓴다. 젊은 시절부터 그렇게 훈련을 받기 때문이다. 문구, 단어, 수식 하나에 신경을 써서 글을 쓴다. 오랜 기간 이렇게 학습되어 정작 책쓰기의 콘셉트와는 완전히 동떨어져 버리고 만다. 또한 어렵게 쓰는 것이 미덕처럼 여겨져 쉬운 글도 어렵게 쓴다. 물론 연구 분야 내용들은 쉽게 쓰기에 한계가 있다. 여하튼 과학자들의 기본 생리는 책쓰기에 적합하지 않다.

시중에 나온 과학자들의 저서를 보면 대부분 연구 성과나 논문 모음에 지나지 않는다. 이런 저서야 연구 능력에 따라서 얼마든지 책으로 출간할 수 있다. 하지만 내가 말하는 과학자의 책쓰기는 절대로 이런 책을 말하는 것이 아니다.

내가 말하는 책은 독자층을 폭넓게 가져갈 수 있고 그 책으로 강연을 다닐 수 있는 일반적인 책을 말한다. 이러한 책은 콘셉트부터 과학자들이 가지는 책쓰기와 구조적으로 다르다.

이 책에서는 과학자들이 왜 책을 써야 하는지 계속 밝혀나갈 것이다. 과학자들에게 그만큼 절박하고 중요한 문제이니까.

과학자들에게 15분이란 어떤 의미일까?

과학자적 글쓰기로 단련된 사람들은 내가 말한 15분 동안 거의 즉흥에 가깝게 책쓰기를 하라는 것을 쉽게 이해하지 못할 것이다. 그도 그럴 만한 것이 본인이 살아온 그리고 배워 온 내용과 전혀 다른 소리이기 때문이다.

송경화 박사의 '불량엄마' 시리즈는 엄마가 호기심 많은 딸에게 과학에 대해 쉽고 친근하게 설명한다. 이 책은 생물학 박사인 송경화 박사의 전문 분야에 대한 책이라기보다는 엄마로서 딸에게 아이들이 알아야 할 과학을 이야기식으로 들려준다. 이런 책은 과학에 관심 있는 아이들과 학부모, 일반인을 모두 독자로 둘 수 있다. 15분 책쓰기를 통해 이런 책을 써 보라는 것이 내 주장의 핵심이다.

하루 15분의 시간이 과학자의 인생을 바꿀 수 있다고 나는 감히 말하고 싶다. 실제로 바뀌는지 안 바뀌는지는 책을 출간해 보면 알 수 있다. 우리나라에 과학자가 쓴 책이 생각 외로 많지 않다. 대부분 외국 번역서나 과학과 무관한 전업 작가의 작품이다.

나는 우리나라의 훌륭한 과학자들이 책쓰기를 생활화하여 과학 분야뿐만 아니라 각 분야의 베스트셀러 작가가 많이 배출되기를 바라는 마음이다. 이 책을 통해 그런 훌륭한 작가이자 과학자가 많이 나올 것이라고 믿는다.

PART 3 어떤 책이 베스트셀러가 되는가?

· 팔리는 책을 쓰기 위한 방법 ·

01 베스트셀러를 구입하여 읽어 보라

서점가의 베스트셀러를 보면 일종의 규칙들이 있다. 이러한 규칙들 중 시대를 초월해 변하지 않는 규칙도 있지만 그렇지 않은 것도 있다. 가령 성경책은 종교라는 강력한 무기를 가지고 있어서 시공을 초월한 베스트셀러다.

그렇지 않은 것은 과연 무엇일까?

현대인들은 각박한 세상 속에서 살고 있다. 그래서 최근 현대인들이 책에서 원하는 것은 '힐링'이다. 최근 밀리언셀러였던 김난도 교수의 〈아프니까 청춘이다〉라던가 혜민 스님의 〈멈추니까 비로소 보이는 것들〉이 그러한 책이다. 힐링이 주제를 이루고 있다. 현대인들이 갈구하는 영혼의 상처에 대한 치유가 베스트셀러를 만들어 낸 것이다.

또한 조남주 작가의 <82년생 김지영>도 동 시대를 살았던 우리 여성들의 삶을 진솔하고 솔직하게 풀어냄으로써 베스트셀러의 반열에 오를 수 있었다.

우리가 유의할 것은 베스트셀러 작가의 책이라고 전부 베스트셀러가 되는 것은 아니라는 것이다. 조남주 작가가 다른 책을 써도 그 책이 베스트셀러가 될까? 될 수도 있지만 아닐 수도 있다. 따라서 베스트셀러는 작가의 명성이나 필력만 가지고 해결되는 문제는 아니다.

책쓰기에서 타이밍을 강조하는 이유가 여기에 있다. 시기적절한 타이밍에 적절한 책이 출간되어야 베스트셀러가 될 확률이 높아진다.

지금 당장 서점에 가서 베스트셀러를 사서 읽어 보라. 베스트셀러와 아닌 책은 분명히 구별된다. 구별이 되지 않는다면 아직 내공이 부족한 것이다. 우리 인간은 본능적으로 결과에 대해 해석을 하려는 경향이 있다. 베스트셀러 책을 가져다 놓고 꼼꼼히 읽으면서 이 책이 왜 베스트셀러가 되었는가를 생각해 보라. 그러면 그 이유가 보일 것이다.

나는 베스트셀러 책이 가지는 특징을 다음 3가지로 본다.

첫째, 베스트셀러는 스토리가 튼튼하다.

스토리 전개가 밋밋한 책들은 읽는 도중 싫증이 나기 십상이다. 이것은 영화에도 똑같이 적용된다. 어떤 영화는 두 시간이 어떻게 지나갔는지도 모르게 빨리 지나가지만 어떤 영화는 보는 내내 지겨워서 언제 영화가 끝나냐는 생각에 빠지거나 심지어 졸기까지 한다.

둘째, 재미와 공감이다.

베스트셀러는 일단 재미있다. 재미가 있어서 술술 읽힌다. 그래서 어려운 책들은 베스트셀러가 되기 힘들다. 여간해서 쉽지 않다.

또한 베스트셀러는 공감을 불러일으킨다. 과장보다는 솔직함이 더 낫다는 것이 여기에서 통하는 것 같다. 동 시대를 살아가는 우리에게 공감을 불러일으키는 무엇인가가 결국 베스트셀러의 동력이라고 본다.

셋째, 그 시대상을 반영하고 있다.

사회상을 반영한 책들이 결국 베스트셀러가 된다. 역사소설이나 미래 공상과학소설이 베스트셀러가 되기 쉽지 않은 것이 이러한 이유이다. 그 시대에 느껴야만 했던 사실이나 감정, 이와 유사한 무엇인가가 있다.

베스트셀러를 구해서 읽어 보면 왜 베스트셀러인지 잘 알 수 있다. 항상 베스트셀러를 모니터링하도록 하자. 베스트셀러 작가가 되기 위한 필수조건이다.

02 책은 제목이 가장 중요하다

서점이나 도서관에 가서 책을 고를 때 어떤 기준으로 고를까? 대부분 책 제목을 보고 책을 고른다. 책 제목을 보면 이 책이 어떤 내용의 책이구나 하는 느낌이 오기 마련이다. 그래서 책 제목은 매우 중요하다.

나는 일주일에 2~3번 이상 도서관에 간다. 내가 사는 세종시는 국립세종도서관이라는 아주 훌륭한 도서관이 있다. 또한 내가 다니는 직장은 대전시 유성구에 있다. 여기에도 훌륭한 도서관이 6개나 된다. 그중 내가 자주 이용하는 도서관은 3곳이다. 모두 2주간 5권씩 대출이 가능하다.

도서관에 가면 책을 고르는 사람들을 유심히 본다. 도서를 검색하여 찾아서 보는 사람도 있고 서가를 돌아다니며 무작위로 책을 고르는 사람도 있다. 이들이 어떠한 방식으로 책을 고르던 간에 확실한 것은 제목 위주로 책을 고른다는 것이다. 그래서 책 제목이 중요하다.

〈처음부터 잘 쓰는 사람은 없습니다〉의 이다혜 작가는 제목의 중요성에 대해 이렇게 이야기한다.

> 처음 일을 배우던 때 내가 존경하던 선배가 했던 조언은 이렇다. 어떤 경우라 해도 독자는 글보다 제목을 먼저 보게 되어 있다. 제목만 읽고 글을 읽지 않는 경우는 있어도 그 역은 성립하지 않는다.
> 즉, 글을 읽게 만드는 데 있어서 가장 명확하게 첫인상을 주는 것이 제목이 된다. 제목 짓는 연습은 누구에게나 중요하며, 독자를 유혹하는 첫 번째 무기가 바로 제목이 된다.

이런 예를 들어보자.

내 책이 가령 특허에 관한 책이라고 치자. 그런데 책 제목에 특허가 없고 다른 말이 있다면 특허 관련 서적을 검색할 경우 검색이 되지 않는다. 그리고 서가에 꽂혀 있더라도 특허 코너에 진열될지도 의문이지만 (실제 도서관에 가보면 엉뚱한 책이 분류가 잘못되어 서가어 꽂힌 경우가 많다!) 과연 특허 자료를 찾는 사람에게 선택받을 수 있을까 하는 의구심이 든다.

가령 '특허 이야기', '알기 쉬운 특허 설명서', '특허 콘서트'와 같이 서명을 정한다면 키워드로 검색이 된다. 하지만 '내 아이디어는 어떻게 보호되는가?'라던가 '발명의 사업화 기술'이라고 짓는다면 '특허'를 키워드로 하면 검색이 되지 않는다. 이럴 경우 사람들의 선택에서 멀어질 수밖에 없다. 따라서 책 제목을 정할 때 이런 점을 고려해야 한다.

또한 책 제목은 독자의 호기심을 자극할 줄 알아야 한다. 누구나 지을 수 있는 서명이라면 과연 누가 관심을 가지겠는가? 아까의 예에서 특허 관련 책을 '특허책' 이렇게 이름 짓는다면 독자들의 관심을 가져오기 쉽지 않을 것이다. 따라서 '누구나 한 번만 읽으면 알게 되는 특허 사용 설명서'처럼 독자들이 호기심을 가질 만한 소재로 책 제목을 정해야 한다.

책의 내용을 아무리 잘 작성한들 그 내용물을 보기도 전에 책이 선택받지 못한다면 얼마나 안타까운 일인가? 그래서 독자들의 선택을 받을 수 있는 책 제목이 중요하다.

일부 편집자나 작가들은 책 제목이 책 판매의 90%까지 좌우한다고 말하기도 한다. 실제로 베스트셀러 책들을 보면 제목을 기가 막히게 짓는다. 책 제목을 잘 짓기 위해 출판사도 엄청난 고민을 한다. 책의 성패 여부는 결국 책 제목에 달려있기 때문이다.

하루 시간을 내서 도서관에 가보라. 아니면 서점도 좋다. 진열된 책 제목을 보라. 이게 귀찮다면 네이버 책 코너나 주요 인터넷 서점 홈페이지에 가서 베스트셀러 책 제목을 분석해 보라. 왜 이것이 중요한지는 스스로 깨닫게 될 것이다.

03 베스트셀러 책 제목 만들기

얼마 전 출판 시장 분위기 좀 알아볼 겸 겸사해서 서울 종각역에 있는 교보문고에 들른 적이 있다. 오랜만에 와서 그런지 리모델링을 했음을 알 수 있었다. 약간 특별한 공간이 있어서 유심히 보니 연도별로 베스트셀러가 소개되어 있었다. 반갑기도 하고 신기하기도 했다. 그 시절의 시대상이 책에 투영되어 있는 느낌을 받아 매우 신선했다. 책 제목을 보면 다음과 같다.

- 1980년대 : 사회과학과 시의 시대

  〈옛날 옛날 한 옛날〉, 〈인간시장〉, 〈베짱으로 삽시다〉, 〈소설 손자병법〉, 〈세계는 넓고 할 일은 많다〉, 〈여명의 눈동자〉

- 1990년대 : 성공과 처세의 시대

    〈배꼽〉, 〈소설 목민심서〉, 〈반갑다 논리야〉, 〈일본은 없다〉, 〈성공하는 사람들의 7가지 습관〉, 〈좀머 씨 이야기〉, 〈마음을 열어주는 101가지 이야기〉, 〈산에는 꽃이 피네〉

- 2000년대 : 자기계발과 스토리텔링 시대

    〈가시고기〉, 〈아홉 살 인생〉, 〈나무〉, 〈연금술사〉, 〈시크릿〉, 〈엄마를 부탁해〉, 〈마시멜로 이야기〉, 〈누가 내 치즈를 옮겼을까?〉

- 2010년대 : 정의, 사회 참여, 자기 위로의 시대

    〈아프니까 청춘이다〉, 〈멈추면 비로소 보이는 것들〉, 〈채식주의자〉, 〈미움받을 용기〉, 〈언어의 온도〉, 〈정의란 무엇인가?〉, 〈창문 넘어 도망친 100세 노인〉, 〈82년생 김지영〉

　베스트셀러가 참 많다. 이 책들은 다 수십만 부 이상 팔린 책들이다. 이 책들의 제목을 보면 과연 어떤 생각이 드는가? 책을 사고 싶은 생각이 절로 들지 않는가?

　물론 이보다 책 작명을 훨씬 더 잘하고도 묻힌 책도 무척이나 많다. 나는 책 제목으로 베스트셀러가 되었다고 말하고 싶지는 않다. 왜냐하면 책이 베스트셀러가 되는 데는 내용도 중요하고 다른 요소, 가령 마케팅도 아주 중요한 역할을 차지하기 때문이다.

또한 책 주제에 맞는 출간 시기도 역시 고려하여야 할 사항 중 하나이다. 이러한 각 요소가 절묘하게 맞아 떨어지더라도 베스트셀러가 된다는 보장은 없다. 다만 부족한 것이 있다면 베스트셀러가 될 수 없는 것 또한 분명한 사실이다.

최근에는 독자의 이목을 끌기 위해 매우 자극적인 책 제목이 많이 등장하고 있다. 가령 〈너의 췌장을 먹고 싶어〉라던가 〈스물셋 죽기를 결심하다〉, 〈남편이 죽어버렸으면 좋겠다〉와 같은 제목이다. 제목이야 짓는 사람 자유이기는 하겠으나 너무 자극적이거나 튀는 것은 자제하는 것이 옳을 것이다. 하지만 너무 평범한 것보다는 자극적인 것이 책 광고에 더 좋은 것은 부인할 수 없는 사실이다. 여러 사항을 고려해서 접점을 잘 찾아야 한다.

04 책 제목을 돋보이게 하는 표지 카피

베스트셀러의 성패는 80%가 책 제목이고 20%가 표지 카피다.

모든 책에는 표지 카피라는 것이 있다. 책 제목을 설명하는 자료라고 보면 된다. 과거에는 이러한 표지 카피가 거의 없었으나 최근에 출간되는 책에는 표지 카피가 대부분 들어간다. 그것도 지나치게 많이! 그래서 책을 보면 표지에 카피가 꽉 차 있음을 알 수 있다.

최근에는 제목 옆에 부제를 다는 것이 유행하고 있다. 제목을 단순하게 할수록 부제가 매우 중요하다. 책 제목만 가지고 어떤 책인지 알 수 없기 때문이다.

부제와 곳곳에 놓인 카피는 다양한 방법으로 독자들을 유혹한다. 제목과 표지를 보고 책을 집어 들지 고민하는 순간을 없애기 위한 것이 표지 카피이다. 따라서 표지 카피는 책 제목을 보완하고 어떤 책인지 설명을 함과 동시에 독자들의 호기심을 자극해야 한다.

표지 카피는 어떻게 보면 가장 훌륭한 책의 광고판이라고 할 수 있다. 여기에 책에 대한 우호적인 표지 카피를 마음껏 담을 수 있다. 내 책은 이런 장점이 있는 책이니 보시오! 라고 광고를 하는 것이다.

통계에 의하면 독자들의 50%가 책 제목과 표지 문구를 보고 책을 살지 결정한다고 한다. 나머지 30%는 저자 약력, 그리고 서문을 보고 책을 살지 결정한다. 나머지 20%는 책 내용을 1단원이나 전체적으로 스킵한 후 책 구매를 결정한다고 한다. 이것은 순전히 구매 여부에 대한 결정이다.

책을 집어들게 하는 데는 제목이 8할, 표지 카피가 2할이다. 이러한 통계에 의하면 표지 카피가 얼마나 중요한지 잘 알 수 있다.

내가 좋아하는 책인 〈김병완의 책 쓰기 혁명〉을 보면 다음과 같은 표지 카피가 있다. 나는 이 표지 카피가 아주 마음에 든다.

독서보다 10배 더 강력한 명품 인생 프로젝트
3년 만 권 독서, 2년 50권 출간을 한 신들린 작가의 글쓰기 완결판
언제까지 읽기에서 머물 것인가? 생각하지 말그 무조건 써라. 글 자체가 되어라.

제목 외에 책 앞면에 들어간 표지 카피 내용이다. 이 표지 카피를 읽으면 왠지 내가 명품 인생을 살 수 있을 것 같고, 생각하지 말고 무조건 쓰라는 저자의 외침이 귀에 맴도는 것 같다. 책을 열어 보지 않고 못 배기게 만든다.

또 다른 책을 보자. 〈나는 가상화폐로 3달 만에 3억 벌었다〉는 책이다.

절대 후회하지 않을 가상화폐 투자이야기
나는 책 제목 그대로 가상화폐 투자로 3달 만에 3억 벌었다.
허황된 이야기로 들리는가?
지금 가상화폐 투자하지 못하면 평생 후회한다.
부자가 될 마지막 기회

표지 카피만 보면 '나도 가상화폐를 해야 하지 않을까?' 하는 호기심 어린 시선으로 책을 열어 보게 만들 수밖에 없다. 이게 표지 카피의 힘이다.

05 표지 디자인은 책을 손에 집게 한다

 나는 책을 쓸 초기부터 책 디자인에 대해 생각한다. 시중 서점이나 도서관에 내가 원하는 디자인이 있으면 내용도 보지 않고 집으로 가져온다. '이러한 디자인으로 출간해 주십시오' 하는 기준으로 삼으려는 것이다.
 책 디자인은 그야 말로 천차만별이다. 심하게 이야기해서 '디자인은 한 건가?' 하는 책도 있고, 마치 무슨 예술작품처럼 디자인한 책도 있다. 최근에는 칼라 북이나 다양한 판형의 책이 너무 많아 디자인의 기준을 어디에 두어야 할지 판단하기 힘든 경우가 많다.
 일반적으로 작가의 고유한 디자인 성향을 출판사에 밝히지 않는다면 출판사는 어떻게 책을 디자인할까?

저자가 디자인에 대해 특별히 상관없다고 출판사에 말한다면 출판사에서 미리 시안을 만들어 제시를 할 것이다. 여기서 마음에 들면 그대로 써도 되고 조금 수정을 가해도 된다.

대형 출판사는 도서 디자이너를 직접 두고 있으나 중소형 출판사는 자체 비용으로 디자인 전문 회사에 디자인을 의뢰한다. 이들은 아주 전문가들이기 때문에 책 주제에 맞게 디자인을 한다. 따라서 이들에게 맡기는 것도 방법 중 하나이다. 다만 나는 디자인에 관한 한 작가의 스타일에 맞게 하는 것이 좋지 않을까 하는 생각이다. 특히 첫 책이라면 더욱 그러하다.

나는 책 디자인과 관련해 가장 신경을 쓰는 것이 책 색상이다. 과거에 도서관에 푹 빠져 살던 시절 이런 방식으로 책을 고른 적이 있다. 가령 서가의 책 중 노란색 책을 전부 빌려 읽는 방식이다. 내가 이런 방식을 고집한 이유는 너무 책을 편식해서 읽는 것이 아닌가 하는 나 스스로에 대한 경계 때문이었다. 그래서 다양한 주제의 책을 읽도록 하자는 취지였다.

서점에 가 보면 책 색상이 천차만별이라 휘황찬란하다 못해 매우 현란하다. 나는 미적 감각이 떨어져서 그런지 몰라도 노란색과 보라색 색상이 아주 마음에 든다. 하지만 이런 이야기를 출판사에 하면 아주 싫어한다. 색상이나 디자인이 너무 현수막 같다는 것이다. 그래서 책 색상은 출판사의 의사를 존중하지만 글씨체나 구성은 내 의견을 따를 것을 요청한다.

우리가 표지 디자인을 신경 쓰는 이유는 선택받기 위해서다. 서명과 표지 카피가 중요하듯이 표지 디자인도 매우 중요하다.

베스트셀러 책들을 보면 표지 디자인에 많은 공을 들이고 있음을 알 수 있다. 〈채식주의자〉로 맨부커상을 수상한 한강 작가의 책을 보자. 한강 작가의 사진이 표지에 실려 있다.

또한 혜민 스님의 〈멈추면 비로소 보이는 것들〉은 혜민 스님의 얼굴이 책 왼쪽 아래 컨에 자리하고 있다. 이렇게 유명한 작가들의 작품은 본인 사진을 표지 디자인에 넣는 것이 매우 효과적이다. 유명한 작가들은 작가만 믿고 책을 보는 고정 독자층이 많기 때문이다.

〈언어의 온도〉라는 베스트셀러는 오히려 단순하다. 한국의 여백의 미를 살린 것 같다. 아주 단순한 디자인으로도 베스트셀러가 될 수 있다는 것을 증명한다. 다만 여기도 색상은 보라색을 썼다는 것에 주목해야 한다. 눈에 확 띄는 색상이다.

결론적으로 표지 디자인은 책 제목, 표지 카피 못지않게 중요한 것으로 책 출간 시 많은 고민과 노력을 아끼지 말아야 한다. 일단 독자들의 손에 집히도록 디자인해야 한다. 그 정도면 절반은 성공이다.

06 책 출간에도 타이밍이 있다

　최근 책 트렌드는 힐링이나 치유다. 난 주변 사람들과 책 이야기를 하면 이런 주제로 이야기를 많이 했다. 이젠 우리 모두 다 지쳤어. 번아웃 상태야. 힐링이 필요해.

　그다음에 이야기하는 것이 성이다. 남자들은 책을 잘 안읽어. 팔리는 책을 쓰려면 여자들의 마음을 움직여야 해.

　최근 베스트셀러인 〈멈추면 비로소 보이는 것들〉, 〈아프니까 청춘이다〉, 〈82년생 김지영〉 모두 힐링, 치유, 공감이 주요한 내용을 차지하고 있다. 다들 힘든 사회 속에서 자기 위로를 받고 싶어하는 마음을 가진다. 이러한 점을 책 출간에도 잘 활용해야 한다. 책 출간에도 타이밍이 있는 것이다.

과거 임승수 작가의 〈차베스, 미국과 맞짱뜨다〉라는 책이 출간된 적이 있다. 이 책이 차베스가 대통령 시절 미국과 사이가 안 좋을 때 출간된 책이다. 이러한 책은 딱 그 시기에 출간되어야 한다. 이 책을 지금 출간한다고 생각해 보라. '차베스'를 선심성 복지 정책으로 국가를 부도낸 무능한 대통령으로 기억하지, 미국과 맞장뜨던 호쾌한 대통령으로 기억하는 사람은 아무도 없다. 따라서 책 출간은 적절한 타이밍에 이루어져야 한다. 여담이지만 임승수 작가는 이 책을 쓰고 베네수엘라 정식 초청을 받아 다녀왔다고 한다. 그만큼 책쓰기의 위력이 대단하다.

또 하나의 예를 들어보자.

국민연금이 30년 뒤 고갈된다, 국민연금 수익률이 마이너스다, 국민연금 수급 연령을 또 다시 상향시켜야 할지 모른다 등의 국민연금 저항론이 일어난다고 치자. 이럴 때 작가라면 모름지기 생각을 해야 한다.

지금 어떤 책을 써야 하지?

이때 '국민연금'의 궁금증을 해소할 책을 써야겠다는 발상이 나와야 한다. 그리고 관련 서적 출간 현황을 점검한다. 그리고 내 틈새시장을 찾아 책을 쓰는 것이다.

만일 국민연금공단에 우호적인 글을 썼다면 책은 안 팔려도 국민연금공단에서 강의는 한 번쯤 할 수 있을 것이다. 그리고 국민연금 전문가가 되는 것은 덤으로 받는 것이다. 100권을 읽는 것보다 한 권을 쓰는 것이 더 강력한 이유가 바로 이것이다.

한 권을 제대로 쓰기 위해서는 시중에 출간된 서적, 관련 논문 그리고 기사 사회적 이슈에 대한 통계 자료 등을 모조리 조사하게 되어 있다. 그리고 그것을 정리해 어떻게 표현할지 고민을 한다. 그러면서 내공이 자라게 되는 이치이다. 이런 이유로 책쓰기가 무섭다는 것이다.

'국민연금'이 이슈가 되는 때에 책을 출간해야 한다. 국민연금 여론이 쏙 들어간 후 책을 내 봤자 국민들의 관심을 끌 리 만무하다. 게다가 출판사에서도 책을 내줄 확률이 그만큼 줄어들게 된다.

책 출간은 타이밍과의 싸움이다. 명심하자.

07 그래도 내용이 좋아야 한다

질문을 하나 해 보겠다.

유명한 사람이 책을 쓰면 잘 팔릴까?

절반만 맞다. 왜 그럴까?

사실 출판사들은 유명한 사람의 책을 앞다투어 내려고 한다. 유명하다는 것 자체가 하나의 무기다. 그들의 인지력을 이용하여 책은 수월하게 팔릴 수 있다. 유명하지 않은 사람보다 유명한 사람의 책을 선호하는 것은 당연한 이치다.

행사를 할 때도 초청 가수를 보면 유명도에 따라 단가가 다르다. 다시 말해 유명도가 몸값을 결정하는 것이다. 사람을 소위 나래비(줄을 세운다는 표현! 비속어라도 이해하시라!) 세우는 것이 바람직하지는 않지만 어쩔 수 없는 현실이다.

출판사에서도 공지영이나 김훈, 이외수와 같은 훌륭한 작가의 책을 서로 출판하려고 노력한다. 그들은 판매에 있어서 품질보증수표이기 때문이다.

하지만 우리가 간과하는 것이 있다. 유명인이 쓴 책이라고 다 잘 팔릴까? 절대 그렇지 않다. 유명인이 낸 책 중 실패한 책도 엄청나게 많다.

왜 그럴까?

정답은 내용에 있다.

내용이 부실하니 책으로서 가치를 인정받지 못하는 것이다. 내가 앞에서 설명한 책 제목, 카피 문구, 책 디자인도 책 내용이 제대로 되었을 때 그 가치를 더하는 것이다.

내용이 부실한데 그러한 외양만 좋다고 책이 베스트셀러가 되겠는가? 절대 그렇지 않다!

이런 이유로 책은 내용에 충실해야 한다. 내용이 충실하다는 전제하에 디자인, 제목, 카피 문구가 내용을 더 강화시켜 주는 원리다. 따라서 모든 외양적인 것의 전제는 내용이다.

단 내용만 좋다고 해서 베스트셀러가 되는 것도 아니다. 내용이 아무리 좋은들 이를 잘 포장하지 않으면 별 소용이 없다. 베스트셀러의 자격이 충분함에도 묻혀버린 책이 다 이런 과정을 거친 것이다. 같은 값이면 다홍치마라는 말도 있지 않은가?

간혹 출판을 하는 사람들 중에 유명인이 꽤 있다. 특히 국회의원이 그러하다. 국회의원들은 때가 되면 출판기념회를 연다. 출판기념회를 통해 자기의 세를 과시하고 들어오는 수입금을 정치 자금으로 활용한다. 이들이 직접 책을 쓰는 경우도 있겠지만 대부분 대필 작가를 활용한다. 대필 작가가 이들의 이야기를 듣고 책으로 구성하는 것이다. 인터뷰도 여기에 추가된다.

이들의 책은 유명인임에도 불구하고 베스트셀러는 결코 될 수 없다. 시작부터 부실하게 시작하기 때문이다. 자기 생각을 올곧이 녹여내도 훌륭한 책이 되기 쉽지 않은 것이 현실인데 하물며 남이 자기 생각을 대신 써준다고 생각해 보라.

거기서 무슨 훌륭한 작품이 나오겠는가?

08 내가 만일 인지도가 없다면?

　조남주 작가는 〈82년생 김지영〉으로 밀리언셀러 작가에 등극했다. 밀리언셀러 작가라는 것은 이미 흥행보증수표를 의미한다. 이러한 작가들의 책은 출판사마다 서로 출간하려고 경쟁이 치열하다. 판매가 일정 수준 보장되기 때문이다.

　영화에서도 마찬가지다. 이준익 감독은 〈왕의 남자〉를 찍고 '천만 영화 감독'에 합류했다. '천만 영화 감독'은 차기작 선정 시 매우 유리하다. 우선 대형 배급사와 계약이 가능하고 많은 투자를 받을 수 있어 대형 블록버스터 영화 제작이 가능하다. 초짜들과 시작부터 다른 것이다(시작부터 불공정 경쟁이다. 영화 개봉 시 상영관 수도 다르다!).

책쓰기에도 똑같은 원리가 적용된다. 아무리 책을 잘 쓰고 좋은 내용이라고 해도 소위 '초짜'에게 책 출간을 쉽게 허락하는 출판사는 결코 많지 않다. 인지도 없는 초보 작가들이 처음 책을 출간할 때 겪는 똑같은 현상일 것이다.

그럼 인지도가 없는 작가들은 과연 어떻게 책을 출간할 수 있을까?

받아 주는 출판사가 없으니 포기해야 할까? 아니면 내 돈 들여서 출판이라도 해야 할까(초짜들은 원고 투고 후 대답이 없으면 으레 이런 생각을 한다)?

방법은 여러 가지가 있다.

가장 대표적인 방법은 내가 가장 잘 아는 전문 분야에 대한 책을 쓰는 것이다.

가령 내가 변리사라면 특허나 기술 이전에 관한 책을 쓰면 된다. 내가 의사라면 건강과 관련한 내용의 책을 쓸 수도 있다. 그 분야는 내가 전문가이기 때문에 관련 책이 많지 않다면 차별성을 가질 수 있다.

두 번째 방식은 책쓰기 그룹을 구성하는 것이다. 즉 혼자 책을 내는 것이 아니라 그룹의 이름으로 책을 내면 된다(가령 스페인 역사에 대한 책을 쓴다면 '스페인역사연구회'란 이름으로 책을 출간하는 것이다). 조직을 구성하기는 그다지 어렵지 않다(의지가 문제다. 항상!). 기존의 조직에 들어가던지 아니면 내가 조직을 만들면 된다. 가령 국민연금 연구동아리를 만들고 '국민연금 전략분석연구회'라고 이름 짓는다. 척도 각 챕터(대목차)별로 나누어서 쓰면 된다. 나누어 쓸 형편이 안 된다면? 그냥 혼자 다 써라! 국민연금 전략분석연구회가 실제로 기능을 하는지는 중요하지 않다. 내게는 그런 내세울 수 있는 명함이 필요한 것이다.

셋째, 인지도가 없다면 인지도가 있는 사람처럼 만들면 된다. 나도 내 경력 중에 YTN 기자 생활을 한 경험이 있다. 다른 직장에 비해 다소 내세울 수 있는 커리어가 되는 것이다. 기자 생활을 얼마나 했는지는 중요하지 않다. 전직 기자 출신의 작가가 되는 것이다. 본인의 이력을 잘 찾아보라. 내세울 만한 것은 적당히 내세우는 것이 좋다. 그것도 이름을 잘 지어서!

그렇다고 거짓말을 하지는 말자! 한국에서 대학까지만 졸업했음에도 마치 미국 미네소타 로스쿨을 나오고 리드앤프리스트 로펌Reid & Priest Law Firm에 다니는 변호사로 위장해서는 안 된다. 그것은 명백한 사기다. 우리는 사기와 과장을 구별할 줄 알아야 한다. 사기 정도가 아니라면 저자 약력에는 약간의 허풍(?)도 필요하다고 본다.

인지도가 없으면 인지도를 만들던지, 아니면 인지도가 있는 것처럼 보이던지, 그것도 안 되면 솔직하고 겸손하게 초보 작가로서 첫 책쓰기의 최선의 노력을 보여주는 수밖에 없다. 그래서 가장 잘 아는 분야의 책을 처음 책으로 정하는 것이 아무래도 유리하다.

일전에 유튜브에서 이런 시트콤을 본 적이 있다.

면접관 : 우린 경력직 뽑는데.

지원자 : 아니 무슨 다 경력직만 뽑으면, 나 같은 신입은 어디서 경력을 쌓나? 어? 난 어디서 경력을 쌓냐? 내 말이 틀려?

유병재라는 탤런트가 한 대사이다. 난 이 말에 크게 공감한다. 도서도 신입 작가들의 진입장벽이 크다면 누가 책을 쓰겠는가? 유명한 작가들도 다 첫 책이 있지 않았는가?

09 어린이 책이야 말로 출판계의 블루오션이다

다음 질문에 답을 해 보라.

어느 책이 가장 많이 팔릴 확률이 높을까?

1. 어른을 대상으로 한 책

2. 청소년(중고생)을 대상으로 한 책

3. 어린이를 대상으로 한 책

정답은 1번이 아니다. 3번이다.

나도 아이 셋을 키우지만 정작 집에 가면 어른 책보다 아이들 책이 훨씬 더 많다. 부모는 자식에게 책을 사주는 데 지갑 열기를 주저하지 않는다. 정작 본인은 책 한 권 사는 것을 아까워하면서 말이다.

만일 자식이 부모에게 책 사달라고 한다면 안 사줄 부모가 과연 몇 명이나 될까? 내가 보기엔 없다(만화책만 아니라면!).

그렇다면 묻지도 따질 것도 없이 당연히 어린이 책을 써야 한다. 실제 어른을 대상으로 책을 써서 성공한 분들도 이런 점을 노려 어린이 책 버전을 출간한다. 그만큼 구매력이 있기 때문이다. 가령 〈꿈꾸는 다락방〉의 이지성 작가는 〈어린이를 위한 꿈꾸는 다락방〉을 출간하였다. 〈여자라면 힐러리처럼〉이 히트하자 〈어린이를 위한 여자라면 힐러리처럼〉도 출간하였다. 실제 이지성 작가는 어린이 관련 책을 아주! 많이 쓰고 있다.

불행히도 책을 가장 많이 읽어야 할 우리 청소년들은 책을 읽지 않는다. 입시 공부에 바빠서 책을 읽을 여건이 되지 않는다. 부모들이 수험 서적 외에는 책을 사주지 않는다. 이 얼마나 안타까운 일인가? 하지만 부인할 수 없는 엄혹한 현실이다. 그래서 청소년을 대상으로 한 책은 가급적 판매 면에서는 안 쓰는 것이 좋다.

한국에서 가장 많이 책을 펴낸 작가 고정욱도 총 250권의 출간 서적 중 어린이 책이 150권을 차지한다. 그의 첫 장편동화 〈아주 특별한 우리 형〉은 70만 권이 나가면서 베스트셀러가 되었다. 장애인 형이 있다는 사실을 뒤늦게 안 동생이 겪는 갈등을 담은 책이다.

이어 〈안내견 탄실이〉, 〈네 손가락의 피아니스트〉는 각각 30만 권이 팔렸다. 〈가방 들어주는 아이〉는 무려 100만부가 넘게 팔렸다. 그는 창작동화 시장의 블루칩으로 통한다. 본인 스스로도 장애인으로 장애와 관련한 동화로 명성을 떨치고 있다.

출판 업계가 위기이니 하는 말은 10년 전, 20년 전부터 있어 왔다. 전자책이 나오고 우리 출판 업계가 고사할 것이라는 위기의 예언도 있었다. 하지만 지금 현실을 보라. 출판 업계는 또 다른 변신을 통해 앞으로도 살아남을 것이다. 다만 과거의 명성을 되찾기는 쉽지 않다. 따라서 우리도 시대에 맞는 작가 정신을 가지고 책쓰기를 해야 한다.

그래서 내가 추천하는 것이 어린이 책쓰기다. 어린이 책쓰기를 심각하게 고려해 보라. 알고 보면 블루오션이다. 아직까지는!

PART 4 과학자의 책쓰기는 어떻게 이루어질까?

• 책쓰기, 순서대로 알아보다 •

01 내가 가장 잘 아는 분야를 쓰자

처음 책을 쓰는 사람이 가장 고민하는 것이 무엇일까? 출판사에서 내 원고를 받아줄 것인가 하는 것이다. 첫 책을 쓰는 사람은 인지도가 없다. 인지도가 없는 사람의 책은 출판사에서 잘 받아 주지 않는다.

따라서 어떤 분야의 책을 쓸 것인가에 대해 심각하게 고민해야 한다. 초보 작가의 책을 받아 줄 만한 설득력 있는 주제로 책을 써야 하기 때문이다.

책을 쓰는 사람들의 부류는 크게 4가지로 요약된다.

1. 삶의 곡절이 있는 사람들
   - 〈7막7장〉 홍정욱
   - 〈어머니! 저는 해냈어요〉 김규환
   - 〈공부가 가장 쉬웠어요〉 장승수

2. 아주 유명한 사람들
    - 〈천년의 질문〉 조정래
3. 성공한 사람들
    - 〈김연아의 7분 드라마〉 김연아
4. 위 1,2,3번에 전혀 해당하지 않는 일반인!

여기서 위 1~3번은 출판사에서 책을 쉽게 출간할 수 있다. 이들의 책은 상품성이 있다. 하지만 4번에 해당하는 일반인들은 책 내기가 쉽지 않다.

지금은 아주 유명한 이지성 작가도 초창기에는 수백 군데서 거절당했다고 한다. 지금이야 이지성 작가가 신간을 출간하면 서로 자기에게 달라고 난리지만 초심자에게 과연 그런가? 초심자들은 출판사와 계약하는 것 자체가 어렵다.

따라서 자신의 첫 책이 삶의 곡절이 있다거나 아주 유명하지는 않더라도 자기가 이 분야에서 꽤 이름이 있다는 식의 포장이 필요하다. 상품도 휘황찬란한 포장지에 의해 포장되듯이 우리 이력도 어느 수준에서 포장되는 것은 오히려 권장되어야 한다(단, 거짓말은 하지 말자!).

가령 나는 YTN에서 기자 생활을 했지만 적성에 맞지 않아 길게 하지는 않았다. 이런 것도 경력에 포함될 수 있다. 이렇게 이력을 적으면 마치 필자를 기자 출신 작가로 이해한다(물론 사실이다!).

그럼 자신을 포장하기 위해서는 어떻게 해야 할까?

간단하다. 내가 가장 잘 아는 분야의 책을 쓰는 것이다.

가령 내가 특허 쪽 전문가라고 하면 특허와 관련한 내용으로 책을 쓰면 된다. 유튜버라면 유튜브에 관한 책을 쓰면 된다. 간호사라면 간호에 관한 이야기를 쓰면 된다.

심지어 전과자라면 교도소 생활에 관한 책을 써라. 백수라고? 더 좋다. '10년 놀아보니 인생 별거 없더라'라는 식의 책을 쓰면 된다. 이혼을 두 번 했다고? 쪽 팔릴 거 없다. 요즘 이혼은 흉도 아니다. 이혼을 철저하게 작가로서 아름답게 승화시켜 보자. 이혼에 관한 이야기를 책으로 써 보자!

남들보다 차별화된 전문 분야가 있다면 그쪽으로 책을 쓰고 차별화된 분야가 없다면 제일 잘 아는 분야를 쓰던 된다. 가령 미술에 관심이 많다면 일반인보다는 미술에 대해 잘 알 것이다. 이것을 십분 활용하면 된다.

이런 식으로 책을 여러 권 내다 보면 자기가 쓰고 싶은 분야의 자료를 모아 책을 내기가 수월해진다. 처음 한두 권 책을 내면 책쓰기에 대한 나름대로의 요령이 생긴다. 그리고 글발(난 '글빨'이란 단어가 더 좋다!)도 늘고 출판사와의 인맥도 생긴다. 이러면 책쓰기가 점차 수월해진다.

실제 출판사에서 책 한 권을 냈다면 그리고 그 책이 어느 수준의 반응이 있었다면 다음 책도 그 출판사에서 내기가 수월해진다. 실제로 이런 사람이 많다.

초보 작가에게 등용문을 넓게 열지 않는 것은 출판 업계가 불황을 겪는 탓이다. 요즘 책 보는 사람이 별로 없다. 다들 스마트폰의 지배를 받고 있다. 그래서 출판사들도 초보 작가에게 상당히 보수적으로 대한다. 출판사도 기업이므로 돈이 안 되면 선뜻 투자하기가 쉽지 않다.

02 책의 콘셉트를 먼저 잡도록 하자

하루에도 수백 권의 책이 출간된다. 통계 자료를 보니 하루에 220권 정도 출간된다고 한다. 최근에는 전자책 출판, 자비 출판, 그리고 셀프 출판이 늘어나면서 출간되는 책의 양은 상상을 초월한다. 이러한 책의 바다 속에서 제대로 된 책을 찾기가 쉽지 않다.

책도 그저 그런 뻔한 내용으로 쓴다면 독자에게 외면을 받기 쉽다. 따라서 독자에게 외면을 받지 않는 무엇인가가 필요하다. 이것을 바로 책의 '콘셉트'라고 한다. 독자가 관심을 가질 단한 두엇인가가 필요하다.

〈아제아제바라아제〉를 쓴 유명한 작가인 한승원(〈채식주의자〉로 맨부커상을 받은 한강 작가의 아버지이기도 하다!)은 '누구나 쓸 수 있는 글은 죽은 글'이라고 했다. 나는 이 말이 책의 콘셉트를 정의하는 핵심적인 말이라고 생각한다.

'차별화된 특별한 무엇인가'가 없다면 책은 절대로 팔리지 않는다. 그래서 콘셉트를 잡는 것은 무엇보다 중요하다. 이러한 콘셉트를 잘 잡는다면 도서 출간 계약에서도 유리하고 나중에 책이 나와도 많이 팔 수 있다.

〈나는 이렇게 쓴다〉를 쓴 일본의 유명 작가 기시 유스케는 콘셉트에 대해 이렇게 이야기한다.

> 훌륭한 책은 몇 가지 특징이 있다. 그중 하나가 다른 책에서는 찾아볼 수 없는 참신함과 독창성을 겸비했다는 점이다.
> 이는 창업과 매우 비슷하다. 회사를 창업할 때, 획기적인 사업계획이 있으면 그만큼 성공확률이 높아진다. 책도 마찬가지다. 다른 사람이 생각하지 못한 참신함과 독창성이 있으면 그 책은 성공을 향해 한걸음 더 나아갔다고 할 수 있다.
>
> 기시 유스케, 〈나는 이렇게 쓴다〉

최근 출간된 책 중에서 〈유튜브로 돈 벌기〉란 책이 있다.

나는 이 책이 콘셉트를 정말 잘 잡았다고 생각한다. 최근에 유튜브 개인 방송을 하는 사람들이 1년에 돈을 얼마나 벌어가는지가 공개되며 화제가 된 바 있다. 실제로 유튜브 방송을 운영하는 '유튜브 스타'가 콘텐츠 소개법부터 채널 개설 및 관리, 동영상 편집과 제작까지 상세히 설명하고 있다.

이 책을 보고 있으면 '나도 한번 해 볼까?' 하는 생각을 누구나 하게 된다. 이런 책이야 말로 콘셉트를 제대로 잡은 책이다. 독자들의 손이 선뜻 나가는 책이란 이런 책이다.

이 책은 관련 분야 서적에서 3년 내내 베스트셀러로 자리잡고 있다. 2016년에 발행되어 크게 인기를 끌어 2019년에 개정판이 나왔을 정도다.

우리 이런 상상을 해 보자.

똑같은 자료를 주고 똑같은 주제로 책을 쓰라고 2명에게 주문했다. 결과적으로 이들이 쓴 책은 똑같을까? 아니다. 이들이 쓴 책은 전혀 다르다. 첫 번째 사람은 주어진 자료를 요약하여 한 권의 책으로 완성을 했고 두 번째 사람은 자신만의 콘셉트를 잡아 새로운 창조를 해냈다.

이들의 차이가 무엇일까? 누구의 책이 많이 팔릴까?

이래서 책의 콘셉트가 중요하다.

03 독자를 예상하고 책을 써야 한다

책에 있어서 가장 중요한 것이 독자이다. 내 책을 누가 읽느냐가 아주 중요하다. 나는 초창기에는 독자를 생각하기보다는 내 이야기를 하려고 했다. 이게 문제였다. 하지만 당시에는 그것을 잘 몰랐다. 원고 투고를 하고 며칠 지내다 보니 출판사에서 연락이 왔다. 아니 장문의 편지가 왔다. 내 원고의 문제점을 지적한 것이었다. 그 핵심은 '예상 독자가 누구인가?'였다.

나는 이 말을 듣고 예상 독자에 대해 심각하게 생각하지 않았다는 것을 비로소 깨달았다. 내 입장에서 내가 하고 싶은 이야기만 했지 독자의 입장에서 생각하지 않았던 것이다.

어린이를 대상으로 하려면 어린이용 책을 써야 한다. 노인들을 대상으로 하려면 노인 독자를 대상으로 책을 써야 한다. 즉 누구를 대상으로 할 것인지를 미리 정해 놓고 책을 써야 예상 독자들이 실제 읽을 만한 책이 된다.

독자층을 정해 놓지 않고 자기 할 말만 한다면 '책의 정체성이 도대체 무엇인가?' 하는 문제가 발생한다. 따라서 독자층을 미리 정해 놓고 책 쓰기를 하는 것은 매우 중요하다.

유의해야 할 것은 '내가 하고 싶은 이야기'를 하는 것이 아니라 '독자가 듣고 싶은 이야기'를 해야 한다는 것이다. 나도 책을 살 때 내가 듣고 싶은 이야기가 책에 써 있으면 바로 구입을 한다. 독자는 심리적으로 공감을 얻으면 지갑을 열기 때문이다.

예상 독자를 정할 때는 어떻게 할까?

시장 규모에 따라 크게 2가지로 구분할 수 있다. 불특정 다수를 대상으로 하는 책과 소수의 특정인을 대상으로 하는 책이 바로 그것이다.

나는 예상 독자층을 이런 방식으로 구분한다.

1. 성별

2. 연령대

3. 직업

4. 생활 수준

5. 분야(서점에 진열될 매대 기준)

예상 독자가 대략 정해지면 도서 출간기획서에 책의 주 고객과 부 고객을 나누어 적는다(보통 예상 독자층을 적는다!). 주 고객은 책을 정말 사야 할 고객을 적고 부 고객은 간접적으로 연관이 있어 혹시 책을 사 볼 가능성이 있는 고객을 적는다.

가령 연애 기술에 대한 책을 쓴다고 가정해 보자.

여기서 주 고객은 20~30대 미혼 여성이 될 것이고 부고객으로 20~30대 미혼 남성 등이 될 수 있을 것이다.

이외에도 제3의 독자층이 존재한다. 이런 부류에는 크게 즉흥적으로 책을 구입하는 사람, 갑자기 하나의 주제에 꽂혀서 포트폴리오식으로 책을 구입하는 사람, 아니면 해당 작가나 해당 출판사의 책을 꾸준히 구매하는 사람이 들어간다(소위 매니아 층. 작가 충성도가 강하다!). 물론 이런 사람들의 숫자는 많지 않다.

이처럼 독자층을 미리 예상하고 책을 기획하는 것은 매우 중요하다. 이러한 기획을 통해 독자를 타깃으로 한 책을 쓸 수 있다. 다시 한 번 강조한다. 내가 쓰고 싶은 책을 쓰지 말고 독자들이 원하는 책을 써라. 독자들이 무엇을 원하는지 정확히 파악하고 그에 맞는 책을 써야 한다. 이게 핵심이다.

04 시장 조사 및 참고 도서 정하기

팔리는 책이 아니면 출판사에서 출간을 해 주지 않는다. 출판사도 먹고 살아야 한다. 그래서 팔릴 책만 출간한다.

따라서 내 글을 쓸 게 아니라 남이 관심이 있는 분야의 책을 써야 한다. 그게 핵심이다.

팔리지도 않을 책을, 독자들이 관심도 없는 글을 아무리 써 봤자 아무런 소용이 없다. 그야말로 자기만족이다. 이런 책은 출판사에서 절대로 안 내준다. 자비 출판을 하던지, 아니면 기획 출판이라도 자기가 일정 부수 이상 구입하지 않으면 출간을 해주지 않는다. 따라서 팔릴 만한 책을 써야 한다.

팔릴 만한 책을 쓰기 위해 무엇을 해야 할까?

시장 조사를 해야 한다.

시장 조사는 내가 쓰고자 하는 분야의 베스트셀러를 파악하고 최근에 무엇이 이슈이고 대세인지를 파악하는 것이다.

책쓰기도 연애처럼 타이밍이 중요하다. 일정 시기에 무슨 이슈가 중요한 것처럼 말이다. 이러한 타이밍 마케팅은 일찍부터 거의 대부분의 분야에서 실제 활용되는 마케팅 방식이다.

가령 〈삶은 어떻게 책이 되는가?〉를 쓴 임승수 작가는 우고 차베스 베네수엘라 대통령이 임명된 후 〈차베스, 부시와 맞짱뜨다〉라는 책을 썼다. 차베스가 이슈화될 시점에 책을 출간한 것이다. 이것은 작가의 노림수대로 시의적절했다. 이 책 출간 후 임승수 작가는 베네수엘라 주 한국 대사관을 통해 정식으로 베네수엘라의 초청을 받았다. 그것도 국빈 대우로! 책 한 권의 위력이 이렇게 무섭다!

또한 참고 도서 정하는 것도 아주 중요하다. 책의 주제와 콘셉트가 정해지면 관련 서적을 20~30권 정도 구입해서 읽기를 권한다. 한 권이 보통 1만 3천 원~1만 5천 원 정도 하니 30권 전부 구입한다고 해도 45만 원에 불과하다. 이 정도 투자는 해야 한다. 투자 없이 성과를 내려는 것은 도둑놈 심보다!

경제적으로 조금 힘들다면 알라딘 중고 서점 같은 곳을 이용하던가 아니면 도서관을 이용하는 수밖에 없다. 그러나 도서관은 아무래도 모든 관련 책을 보유하고 있지 않을뿐더러 구입 신청을 해도 시간이 오래 걸린다. 따라서 금전적 부담이 있다고 하더라도 반드시 책을 서점에서 구입하기 바란다.

책을 쓰는 작가가 책을 구입하지 않는다면 우리나라에서 과연 누가 책을 사고 출판 시장은 어떻게 되겠는가?

책을 사야 하는 이유는 또 있다.

관련 분야 참고 도서를 읽으면서 해야 할 일이 있다.

우선 책의 장점과 단점을 분석해야 한다. 이런 작업을 통해 장점은 내 책에 적극적으로 반영하고 단점은 내 책에 드러나지 않도록 해야 한다. 나는 관련 도서를 읽으면 책 앞에 이 책의 장점과 단점을 꼭 적어둔다. 그리고 내 책에 반드시 적용한다.

한 가지 유의할 것은 정보의 바다에서 헤매지 않아야 한다. 관련 분야 참고 도서 등은 많이 참고할수록 많은 정보를 얻게 된다. '힘들게 입수한 자료니 모두 반영하고 싶다!'는 마음은 충분히 이해가 되지만 그럴수록 조심해야 한다. 정보에 대한 욕심이 오히려 역효과를 가져올 수도 있다. 즉, 너무 많은 정보를 이용하려고 하다 보면 글이 자칫 장황해지고 질척거리기 쉽다. 자료를 100개 얻었다면 그중 20%만 사용해도 나름 성공하는 것이다. 자신이 파악한 정보는 이미 직접적으로 사용하지 않더라도 책을 쓰다 보면 자연스럽게 문장 속에 반영되기 마련이다.

또한 책을 읽다가 인용하기 좋은 문장은 따로 뽑아서 미리 챙겨놓아야 한다. 책을 재미있게 쓰려면 반드시 인용을 해야 한다. 인용 시 써먹어야 하므로 책에 표시하면서 읽는 것이 아주 도움이 된다. 빌린 책에다가 표시를 할 수는 없으므로(도서관에서 책을 빌려보면 간혹 이런 사람들이 있다! 제발 그러지 좀 말자!) 책은 돈을 주고 구입해야 한다.

따라서 책 한 권 쓰는 데 책 20~30권 사는 것은 투자라고 생각하자. 그것을 아까워하면 아무것도 할 수 없다.

05 목차를 작성하는 방법

 지금 근처에 있는 책을 3권만 꺼내보라. 근처어 책 3권이 없다고? 그러면 당신은 작가로서의 자질이 없다. 일단은!

 책쓰기를 하려면 아니 작가가 되려면 주변에 책이 넘쳐야 한다. 근무시간 외에는 대부분의 시간을 책과 함께 해야 한다.

 작가가 되기 위해서는 모름지기 책과 친해져야 한다. 책이 내가 되고 내가 책이 되는 물아일체의 경지에 이르러야 한다.

 책과 친해지기 위해 제일 먼저 해야 할 일이 뭘까?

 서점과 도서관에 자주 가면 된다. 서점은 대형 서점이 좋다. 대형 서점은 주제별로 책을 찾기 편하다. 도서관도 좋다. 간일 지방에 살아서 서점이 여의치 않다면 도서관이라도 뻔질나게 드나들자.

대형 서점은 어디든 있지 않지만 도서관은 전국 어디든 다 있다. 따라서 도서관이라도 활용하자. 〈나는 도서관에서 미래를 보았다〉의 작가 김병완은 대기업에 다니다가 깨달은 바가 있어 돌연 사직을 한다. 그리고 부산에 한 도서관 앞에 방을 잡고 3년 간 만 권 이상의 책을 읽는다. 그리고 그는 도서관에서 뛰쳐나와 60권이 넘는 책을 3년 동안 썼다. 그리고 유명인이 되었다. 이 스토리는 만화에서나 볼만한 스토리다. 실제 있었던 일이다.

나도 직장 생활을 한다. 직장인이라면 근무 시간에는 일에 열중해야 한다. 내가 말하는 책쓰기는 근무 시간에 쓰라는 것이 아니다. 근무 시간 외에도 하루 15분이라는 시간동안 책쓰기를 하라는 것이다. 30분이란 시간을 15분씩 나누어서 할애하는 글쓰기다. 그래서 직장인들도 학생들도 책쓰기에 아주 좋다.

꺼낸 책의 목차를 보라. 나도 지금 해 보겠다.

목차를 볼 때는 대목차가 몇 개인지부터 보라. 대부분의 책이 4개, 혹은 6개, 아니면 8개로 되어 있다. 그리고 각 목차별로 페이지가 대략 20~40페이지 정도 된다. 약 30페이지로 가정할 경우 대목차가 8개면 240페이지가 된다. 이 정도 분량이면 퇴고까지 완료할 경우 총 페이지는 300페이지까지 늘어난다.

책의 구성을 보면 대목차가 있고 대목차 밑에 소목차(혹은 세부목차, 아니면 꼭지)가 있다. 소목차는 보통 10개 남짓이다. 책을 쓸 때 기본 단위가 되는 것이 소목차다. 흔히 꼭지라고도 한다. 한 꼭지를 3페이지 정도로 가정하면 총 60꼭지 정도 쓰면 책 한 권이 완성된다.

회사에 조직이 있는 것처럼 책쓰기도 조직이 있다. 그것이 바로 목차이다.

목차를 세부목차까지 대략 완성도 70% 수준으로 작성해 놓으면 책을 거의 쓴 것이나 다름없다. 세부목차를 보고 2~3페이지씩 매일 15분씩 2개 꼭지를 작성하면 한달 안에 책 초고가 완성된다.

따라서 책쓰기를 시작하기 전에 목차를 어느 수준으로 작성해 놓아야 한다. 그리고 책쓰기에 본격적으로 들어가야 한다. 이런 절차를 해놓지 않으면 그야 말로 사상누각(沙上樓閣)이 되어버린다.

나도 책을 쓰기 전 책 주제를 정한 후 가제로 척 제목을 정한다. 그리고 목차를 잡는다. 여기서 브레인스토밍이 시작된다. 키워드 위주로 들어가야 할 핵심 내용을 대목차로 잡는다. 그리고 세부목차를 생각나는 대로 빠르게 적어 넣는다. 기억이 금방 달아나므로 빨리 적어 넣어야 한다.

그렇게 어느 정도 완성되면 다음날 다시 브레인스토밍을 한다. 이렇게 며칠 하면 더 이상 머리에서 나올 것도 없다. 이때 관련 서적을 네이버 책에서 찾아서 목차를 비교해 본다. 그러면 내가 놓친 부분들이 눈에 띈다. 그것들을 그대로 내 목차에 옮기지는 않는다. 그중 버릴 것은 버리고 취할 것은 취한다. 여기서 버릴 것의 기준은 내가 봐도 이해가 안 되는 것, 납득이 안 되는 것, 내용을 적을 만한 아이템이 없는 것들이다.

이렇게 목차를 완성한다. 목차 완성에 걸리는 시간은 대략 5일 정도, 빨리 하면 하루면 한다. 틈나는 대로 집에서 목차 잡는 작업을 꾸준히 하는 것이 좋다. 막상 하려고 하면 잘 안되니 생각이 떠오를 때 즉시 하는 것이 노하우다.

06 출간기획서 작성

출간기획서의 중요성은 도서를 투고해 본 사람이면 잘 안다. 초창기에 나는 출간기획서를 작성하지 않고 초고를 약 240페이지 가량 완성하여 출판사에 뿌렸다. 지금 생각해 보면 매우 무모한 짓이었다. 하지만 단번에 계약에 성공했다. 매우 운이 좋은 케이스라고 할 수 있다.

그 당시 이메일에 이렇게 적었다.

안녕하세요? 저는 김욱이라고 합니다. 이번에 〈남자라면 누구나 꿈을 꾼다〉라는 초고를 완성하여 송부드립니다. 제 약력이나 책의 내용은 앞부분 목차 등을 보시는 것이 더 빠르리라 생각됩니다. 아무쪼록 적극적으로 검토해 주셔서 꼭 출간될 수 있도록 부탁드립니다. 감사합니다.

김욱 드림 / 010-3084-7934

자세히 기억은 안 나지만 대략 이런 식이었다. 지금 내가 봐도 얼굴이 화끈거린다. 출판사도 매우 기분 나빴을 것 같다. 나같이 책 투고하는 사람이 하루에도 수 명에서 수십 명이라는 데 보지도 않고 쓰레기통으로 직행할 수도 있는 상황이었다.

지금은 출간기획서를 간단히 1장짜리로 작성해서 보낸다. 출간기획서에는 다음 내용이 들어간다.

책 제목, 기획 의도, 부제, 저자 소개, 분야, 시장 환경, 타깃 고객, 핵심 콘셉트, 경쟁 도서, 마케팅 및 홍보 계획, 출간 일정, 연락처

출간기획서를 작성할 때마다 느끼는 거지만 작성하기가 결코 쉽지 않다. 단 한 장으로 내 책을 어필하는 것이 결코 순탄하지 않은 작업이다.

아까 이야기한 것을 다시 복기해 보자.

하루에 출판사에 몇 건이나 원고 투고가 올까?

출판사 규모마다 다를 것이다. 하지만 대략 하루에 몇 건에서 몇 십 건이 올 것이다. 일주일에 한 번씩 검토한다고 해도 수십 건에서 수백 건이다. 출판사 담당자가 이것을 일일이 확인한다고 치더라도 상당히 부담스러운 일이다.

출판사 담당자가 한 건의 원고 투고에 투입할 시간은 수 십초 남짓이다. 이 짧은 시간에 담당자에게 어필을 해야 한다. 따라서 뭔가 임펙트 있는 것이 없다면 도서 출간은 물 건너갔다고 보아야 한다.

여러분이 한 분야의 전문가이든가 매우 유명한 사람이든가 눈물 없이는 볼 수 없는 매우 특이한 이력의 소유자라면 이야기가 달라진다. 이런 사람들의 책은 독자들에게 어필할 확률이 높아서 출판사도 매우 좋아한다. 하지만 이런 특이한 경력이 없다면 일반 시민들은 책을 출간하기가 매우 어렵다.

따라서 출간기획서를 잘 작성해야 한다.

출간기획서는 책에 대한 개요서 혹은 판매기술서, 한마디로 광고지와 같은 것이다. 이것을 보고 내 책과 내 이력의 특장점을 최대한 끌어내야 한다. 이력도 특이한 것이 있으면 최대한 어필을 하고 책 제목에서 시선을 확 끌어야 한다.

그리고 예상 독자층은 누구이며, 책은 어떤 마케팅을 통해 얼마나 팔 계획인지를 출판사에 제시해야 한다. 그래도 계약이 될까 말까다.

그러면 출간기획서는 어떻게 작성하는 것이 효율적일까?

〈책을 내고 싶은 사람들의 교과서〉의 저자 요시다 히로시는 편집자와 기획자의 이목을 끄는 출간기획서는 작가만의 USP Unique Selling Proposition가 분명히 드러나 있어야 한다고 이야기한다.

제 출간기획서에는 (①)이라는 장점이 있습니다.

(②)라는 장점을 통해 출판사는 이익을 얻을 수 있습니다.

제 출간기획서는 다른 것들과는 다릅니다.

왜냐하면 (③)이라는 차별점이 있기 때문입니다.

① : 책의 특징이나 세일즈 포인트

② : 출판사가 얻을 수 있는 이익이나 호평

③ : USP, 당신만이 지닌 비장의 카드

글도 아무나 쓸 수 있는 글이 죽은 글인 것처럼, 출간기획서도 USP가 제대로 드러나 있지 않으면 죽은 기획서다. 마케팅 업계에서는 USP를 활용한 경영을 '차별화 전략', 'Only One' 전략이라고 한다.

원고에서 USP를 찾지 못할 경우 원고를 다시 써야 한다. '독특한 도서 (판매) 제안'을 통해 원고의 고유한 장점을 출판사에 전달해야 성공이다.

이제 출간기획서는 필수이며 매우 중요한 준비물이라는 사실을 알았을 것이다.

07 샘플 원고 작성

초고가 완성되면 초고를 수백 개의 출판사에 뿌린다. 그리고 연락이 오기를 기다린다. 대부분 거절 메일이 온다. 투고를 하면서도 왠지 찝찝하다. 내 원고를 누군가 가로챌 것 같다.

누구나 이런 생각을 한 번은 해봤을 것이다. 고연 내 원고를 받고 거절한다고 해도 기록이 그대로 남는다. 이걸 그대로 쓰지는 않겠지만 다른 사람의 먹잇감이 될 수도 있을 것 같다. 어떻게 보면 매우 불공정한 게임 같다.

차라리 일부만 보내는 것이 나을 것 같다. 내 정보는 소중하니까.

하지만 뭔가 찝찝하다. 내가 분명히 '갑'은 아닌 것 같다. '을'이라고 치고, 내가 아쉬운 입장에서 유명 작가도 아닌데 몇 꼭지 샘플로 보내봤자 상황을 더 악화시키는 것만 같다.

이게 우리의 현실이다.

여러분은 원고 투고를 할 때 완성된 초고를 보낼 것인가? 아니면 일부 꼭지만 완성해서 그 일부로만 투고를 할 것인가?

책쓰기 관련 책을 읽어 보면 대부분 샘플 원고를 투고하라고 한다. 나도 투고 시 실제 책에서 시킨 대로 샘플 원고를 작성해 투고했다. 그런데 답변은 어떻게 왔을까?

셋 중 하나였다.

첫째, 그대로 접수 완료.

둘째, 우리 출판사는 1/3 이상의 원고 작성본을 검토하는 것을 원칙으로 하고 있습니다.

셋째, 우리 출판사는 완성된 전체 원고를 심사하고 있습니다.

비율은 7:2:1 정도 되는 것 같다. 하지만 70%도 샘플 원고를 보고 정식으로 검토하지는 않을 것 같다는 생각이 들었다. 유명 작가도 아닐진대 너무 성의 없어 보이기 때문이다.

그래서 나는 샘플 원고를 보낼 때 다음과 같이 적어서 보낼 것을 권한다.

이 책의 출간을 의뢰드립니다.

출간기획서와 샘플 원고를 송부드립니다.

이 원고는 초고가 완성이 되어 있습니다. 관심이 있으시면 연락주시면 초고 완성본을 송부드리겠습니다.

이렇게 메일을 보내는 것이 가장 좋을 것 같다. 이게 싫다면 초고 전체를 보내는 수밖에 없다.

초심자가 초고를 모두 다 쓴 후 출판사에 출간 의뢰를 하는 것은 어떻게 보면 바보 같은 짓이다. 10장을 쓴 들 200장을 쓴들 출판사에서 그다지 관심이 없기 때문이다.

그럼 어떻게 해야 할까?

이럴 때 샘플 원고를 작성해야 한다. 책 한 권이 보통 40~50개의 꼭지로 구성된다고 가정하면 5~10개 정도의 꼭지를 샘플 원고로 작성하자. 책 제목, 출간기획서, 목차, 꼭지 샘플을 정성껏 작성하여 출판사로 보내라.

그러면 출판사에서 자기 출판사와 콘셉트가 맞거나 좀 팔릴만하다고 생각하면 연락을 줄 것이다.

08 초고 작성

초고는 최대한 빨리 작성하는 것이 좋다. 시간을 끌어봤자 더 좋은 글이 나오기 만무하다. 따라서 가급적 1개월 이내에 초고는 끝내도록 하자. 도저히 여건이 안 된다고 해도 2개월 안에는 끝내자.

하루 15분 책쓰기는 하루에 두 번 15분씩 각 3페이지씩 총 6페이지를 쓸 것을 핵심으로 한다. 이 책도 철저히 그런 기조하에 썼다. 초고 작성에 딱 한달 걸렸다. 오전에 15분을 내 한 꼭지를 쓰고 오후에 15분 동안 한 꼭지를 썼다. 매일 2꼭지, 총 6페이지를 작성했다. 그러다 보니 책 한 권이 완성됐다.

초고가 완성되면 바로 수정하지 말고 며칠 시간을 보낸 후 수정 작업에 들어가자. 며칠 간격을 두는 것이 글을 새로운 시각에서 보는 데 도움이 된다.

나는 보통 초고 작업을 한 달 정도 한다. 하루에 2꼭지 쓰기(간혹 3꼭지 쓰는 날도 있다. 이 날은 다른 날 못 쓴 것에 대한 스스로의 벌이다)를 원칙적으로 지킨다. 글이 잘 써진다고 하루에 너무 많이 쓰면 원고의 질이 떨어진다는 것을 느낀다. 따라서 아무리 컨디션이 좋아도 쓰기는 어느 수준(3꼭지 이하)에서 자제하고 있다. 더 쓰고 싶다면 차라리 다른 원고를 써라!

사실 내 방법이 옳다고 주장하지는 않겠다. 절대적인 것은 없다. 왜냐하면 사람마다 스타일이 제각각이기 때문이다. 원고를 3, 4일만에도 쓸 수 있다. 사람마다 다르다. 정답은 없다.

〈면접의 달인〉이라는 책으로 일본에서만 400만 부 이상 팔린 책의 저자인 나카타니 아키히로는 책 한 권을 보통 5~6일에 완성한다고 한다. 어떤 책은 하루 만에 쓴 것도 있다!

내 경우를 보자면 초고를 한 달 안에 완성하고 며칠 쉰 후 바로 다음 원고 작업에 들어간다.

그리고 다음 원고 작업에 들어감과 동시에 기존 원고의 퇴고를 시작한다. 퇴고 과정은 처음부터 끝까지 수정을 하는 데 보통 5번 정도 한다. 그러면 책다운 모습을 가지게 된다(이것도 순전히 내 기준이다. 출판사로 가면 또 난도질! 당한다!).

물론 초고 작성을 하루에 2꼭지만 한다고 해서 글쓰기를 하루에 2꼭지만 하라는 것이 아니다. 시간이 좀 더 허락이 된다면 여러 책을 동시에 진행해도 무방하다. 가령 1번 책은 초고를 작성하고 2번 책은 목차 구성을 하고 3번 책은 기획을 하는 식이다. 이렇게 과정별로 책이 각기 따로 움직인다.

이러한 방식을 이용하는 대표적인 작가가 출판의 달인 고정욱 작가다. 고작가는 현재까지 250권의 책을 출간했다. 현재까지 400만부 이상을 판매했다. 그는 한꺼번에 20여 권의 책을 진행하는 컨베이어벨트식 저술을 하는 것으로 유명하다. 가령 '구상, 초고, 1교, 2교' 식으로 구별하여 매일 글을 쓴다. 나도 이 정도는 아니지만 이런 방식이 1권씩 쓰는 것보다 더 효율적이라고 본다.

그리고 일상생활을 하면서 항상 무슨 책을 쓸까 하는 궁리를 한다. 가령 텔레비전에서 특정인이 나오면 '저 사람에 대한 책을 쓸까?', 어떤 강의를 들으면 '저 내용으로 책을 써 볼까?' 하는 식이다.

그렇게 아이디어가 떠오르면 수첩에 기록해 놓는다. 수첩이 없으면 스마트폰에 기록해 둔다. 기억은 휘발성이 있어서 바로 기록해 놓지 않으면 바람과 같이 날아가기 때문이다.

09 출판사 섭외 및 계약

초고가 완성될 시점에 출판사에 초고를 보내 계약을 진행해야 한다. 나는 초고를 도서 편집 형태로 실제로 편집을 해 투고했다. 애시당초 책 쓰기를 시작할 때 도서 형태(신국판이나 46배판)로 편집해서 책을 썼다. 이게 분량 조절이나 쓰기에 여러모로 편하다.

그러면 출판사에는 어떻게 투고할까? 출판사는 어떻게 찾아낼까?

처음에는 출판사 리스트 파일을 구글에서 찾아서 50군데 정도 보냈다. 며칠이 지나도 별 답변이 없었다. 혹시 읽어 보기는 한 것일까 하는 생각에 수신 확인을 확인해 보니 절반 정도는 읽었다. 그 이후 며칠이 지나니 답변이 왔다. 답변의 종류는 크게 3가지다.

1. 우리 출판사의 콘셉트와 맞지 않는다. 우리는 어린이 책 출판에 집중하겠다.

   ⇨ 출간할 의사가 전혀 없다. 딴 데 알아봐라!

2. 귀하의 소중한 원고는 잘 접수되었다. 한 달 정도 시간이 걸리니 기다려 달라.

   ⇨ 검토 후 결과를 알려드리겠다! (주로 대형 출판사)

3. 관심이 있다 연락드리겠다.

   ⇨ 연락이 오면 계약하자는 뜻!

첫 번째 경우는 출간 의사가 없는 것이다. 없는 이유는 2가지인데 첫째는 원고가 마음에 들지 않는 경우이고 둘째는 원고 콘셉트가 출판사랑 맞지 않아서다. 여기서 배운 것이 '관련 분야' 출판사에 투고를 해야 한다는 것이었다.

두 번째 경우는 말 그대로 매일 수십 건에서 수백 건의 투고 의뢰가 오므로 이것을 모아서 판단해야 하니 나중에 연락을 주겠다는 것이다. 보통 1차적으로 담당자가 거르고 괜찮은 원고는 출판사 차원(주로 편집위원회)에서 판단을 한다. 작은 규모인 출판사는 편집위원회라고 할 것도 없이 대표나 편집자가 보고 오케이 싸인이 떨어지면 그대로 진행한다. 대체로 대형 출판사일수록 답변이 늦게 온다. 그래서 소규모 출판사와 이미 계약을 한 상태에서 대형 출판사에서 연락 오는 상황이 자주 발생한다. 대형 출판사가 가지는 장점이 분명히 있기에 이런 상황이 닥치면 좀 아쉽기도 하고 난감해지기도 한다.

셋째 경우가 좀 위험하다. 요즘 상황을 잘 알다시피 책 읽는 사람이 별로 없다. 지하철이나 버스를 타면 예전에는 간혹 책 읽는 사람이 있었는데 요즘에는 다 스마트폰만 보고 있다. 책 읽는 사람이 없다. 따라서 출판 업계가 매우 힘들다는 사정을 고려해야 한다.

출판사 대표란 분이 다짜고짜 전화가 와서 '마케팅 계획을 알려 달라'고 했다. 책을 어떤 루트를 이용해 팔 수 있냐는 것이 핵심이었다. 내 첫 책 분야가 워낙 전문 분야이다 보니 저자가 직접 팔지 않으면 팔리겠냐는 것이었다.

이 정도는 양반이다.

어떤 사장은 '700권을 사달라'고 노골적으로 요구했다. 저자가 700권을 사주면 책을 내 주겠다는 거다. 이건 솔직히 자비 출판과 다를 바가 없다. 내 돈 내고 책을 내는 것이다.

물론 자비 출판이라고 나쁜 면만 있는 것은 아니다. 오히려 잘 활용하면 기획 출판과 다를 바 없다. 하지만 아직까지는 투고를 통해 계약금(선인세)을 받고 계약하는 것이 내 목표였으므로 정중히 거절한 경험이 있다.

투고 후 얼마 있어 한 출판사에서 연락이 왔다. 계약을 하자는 것이었다. 그래서 날을 잡아 서울로 올라갔다. 회사는 마포구에 위치하고 있었다. 그 전에 물론 계약서 내용은 다 검토를 완료하였다. 사실 처음 계약하는 것이고 책을 팔기보다 책을 출간하는 것에 목적을 두고 있어서 계약서 내용이 그렇게 중요하지는 않았다.

계약서에 날인을 하고 한 부를 받아 나와 근처 중화요리에서 자장면을 시켜 먹는 중에 계약금이 입금되었다고 스마트폰에서 울렸다. 나도 처음엔 계약금이 계약하면 주는 돈인지 알았다. 하지만 나중에 책을 읽고 알게 된 사실이지만 선인세였다. 처음 계약 시 10%가 인세였는데, 계약금 50만원을 받았으니 인세를 미리 받은 것이다. 책이 15,000원이라고 하면 인세가 1,500원이므로 책을 333권 팔 때까지 인세는 받지 못한다고 보면 된다.

그렇게 계약을 하고 나니 한두 군데씩 연락이 온다. 계약하자고 연락 오는 출판사들이다. 늦게 연락 오는 출판사들은 규모가 있는 대형 출판사인 경우가 많다.

하지만 첫 책이고 첫 번째 계약이라 그리고 언제 어디서 연락이 올지 모르기에 처음 연락 온 출판사와 계약을 했다. 지금 생각해 보면 결과적으로는 잘 되었지만 출판사에서 계속 연락이 오면 별의별 생각이 다 든다. 사람이란 참 간사한 것 같다.

10 투고의 왕도

〈리딩으로 리드하라〉의 유명한 작가인 이지성 작가는 무명 시절 무려 75번이나 초고를 거절당했다고 한다. 첫 번째 시집은 아예 팔리지 않아 군대에 기증을 했다고 한다. 이지성 작가는 아마 냄비받침으로 쓰였을 것이라는 농담까지 했다.

그만큼 책을 출간한다는 것은 쉽지 않다. 출판사들은 가뜩이나 팔리지 않는 출판 시장에서 그나마 안정적으로 부수를 확보할 수 있는 책을 출간하기 원한다. 그래서 전문 서적, 어린이 서즈이 아닌 한 실용 서적 출간만을 생각하는 경향이 강하다. 그리고 유명한 작가들 아닌 무명 작가들에게 기회를 호락호락하게 내주지 않는다. 마치 경력 사원을 채용하는 회사의 마음이라고나 할까? 당장 급한데 언제 키워서 써먹느냐는 것이다.

그래서 원고가 아주 참신하든가 특별한 이력이 있지 않으면 책을 출간하기가 쉽지 않다.

최근에는 자비 출판이다 해서 유명하지 않은 평범한 사람도 책을 낼 수 있다. 하지만 이런 책은 사실 완성도도 많이 떨어지고 마케팅도 제대로 이루어지지 않는다. 그저 자기만족에 의한 도서 출간이다.

나는 처음 50군데 투고를 한 후 연락이 오지 않아 '관련 분야' 출판사를 찾아서 다시 투고를 했다. 그러자 연락이 오기 시작했다. 그때 깨달은 것이 도서 출간 시 해당 분야와 관련한 출판사에 투고를 의뢰해야 한다는 것이었다. '과학'에 관한 책은 과학 전문 출판사에 투고하는 식이다. 물론 대형 출판사들은 출판사 내에서도 분야별로 출간을 하므로 이런 구분에서 자유롭다. 하지만 이들도 담당자는 모두 따로 있다. 대표 메일로 보내면 분야별로 어디에 투고하라고 연락이 온다. 또한 조금 규모가 있는 출판사들은 홈페이지에서 바로 투고할 수 있는 시스템을 운영하고 있다.

나는 '기술 분야(과학)' 책을 투고하였다. 하지만 이런 분야의 출판사를 알 길이 없어서 네이버 책에 들어가 과학 분야 베스트셀러를 검색하여 해당하는 출판사를 찾았다. 하지만 이 작업이 그리 쉽지 않았다. 출판사가 워낙 많고 찾기도 힘들다. 또한 홈페이지가 없는 출판사도 많다. 그래서 결국 다른 방법을 찾기로 했다.

우선 가장 최근에 생긴 대형 도서관에 갔다. 그리고 과학 책 서가에 가서 책 앞이나 뒤에 있는 출판사 이메일을 디지털 카메라로 사진을 찍기 시작했다. 사진 찍을 때 소리가 나므로 안 나게 스피커를 손가락으로 막고 사진을 찍었다.

그리고 집으로 와서 이메일로 각 출판사에 초고를 투고하였다. 이런 방식도 상당히 괜찮은 방식이라고 본다. 생각 외로 힘들지도 않고 몇 번 하다 보면 관련 분야 출판사 이름을 죄다 알게 된다. 출판사 이름으로는 기억이 나지 않아도 이메일만 보면 기억이 날 정도다.

하여간 이런 식으로 메일을 보냈다. 여기서 팁을 말하자면 오래전에 출간된 책의 연락처는 지양하는 것이 좋다. 현재 없는 출판사일 수도 있기 때문이다. 그래서 가급 신간을 위주로 사진을 찍어야 한다. 이렇게 해서 리스트를 만들어 놓고 출판사별로 엑셀로 관리하면 매우 효율적이다.

11 퇴고 및 수정, 윤문 작업

지금부터 퇴고에 대해 이야기해 보자.

〈무기여 잘 있거라〉의 세계적인 작가 어니스트 헤밍웨이Ernest Hemingway는 이런 말을 했다.

모든 초고는 쓰레기다
All draft is like a trash!

헤밍웨이는 수백 번 고쳐 쓰는 퇴고주의자였다. 이렇게 퇴고의 중요성을 강조하는 사람이 있는가 하면 퇴고는 불필요하다고 말하는 사람도 있다. 처음 썼을 때가 가장 훌륭하며 자꾸 수정하다 보면 처음의 참신성이 떨어진다는 것이다. 이런 주장을 하는 분들은 퇴고를 최소한으로 해야 한다고 주장한다.

무엇이 정답일까?

나는 둘 다 맞는 의견이라고 본다. 왜냐하면 초고를 쓰는 기준이 제각각이기 때문이다.

초고를 정성 들여 쓰는 사람은 그다지 고칠 것이 별로 없을 것이다. 하지만 초고를 좀 편하게(?) 쓰는 사람이라면 퇴고가 아주 중요하다. 수정 사항이 많기 때문이다.

나는 좀 직관적으로 작성하고 수정을 꾸준히 가하는 편이다. 이게 내 스타일상 맞다. 초고를 너무 정성 들여 쓰다 보면 자칫 초고 완성하는 것도 힘들어진다. 그래서 나는 초고를 빨리 쓰고 계속 수정해 나가는 방식을 선호한다. 주변에도 그렇게 추천한다.

개인적으로 퇴고가 가장 필요한 이유는 문장력 향상이었다. 초고를 완성하고 잠시 시간을 두고(제3자처럼 선입관 없는 시선을 가지기 위해서는 반드시 필요하다!) 다시 읽어 보면, 초고를 쓸 당시에는 전혀 알아차리지 못했던 결점들이 보인다.

문장이 머리에 들어오는가?

어색한 문장은 없는가?

오탈자는 없는가?

내용의 급속변침은 없는가?

이런 것들을 염두에 두고 퇴고를 하다 보면 무엇이 잘못되었는지 눈에 보인다. 그리고 이런 실수들이 계속 반복되고 있음을 알게 된다. 그래서 그 부분에 대해 심각하게 고민하고 해결책을 스스로 제시하면서 문장력을 키워 나간다. 그래서 많이 써야 한다. 많이 쓰고 퇴고를 많이 할수록 나쁜 습관이나 단점들이 무엇인지 알게 되고 그것을 줄이려는 노력이 결국 문장력 강화로 이어지지 않나 싶다.

모든 초고가 쓰레기는 아니겠지만 완전하지 않다는 것이 내 생각이다. 따라서 시간을 길게 끌 필요가 없다. 일단 쓰자.

그리고 수정하자.

윤문에 대해서는 편집자나 교열자들이 하는 문제이긴 하지만 일단 작가가 먼저 책쓰기 단계에서 해야 한다.

나는 내용적으로 어느 정도 완성이 되면 내가 편집자의 입장에서 윤문 작업을 한다. 윤문(潤文)이란 빼어날 윤(潤), 문장 문(文)으로 문장을 문장답게 만드는 과정이다. 이러한 과정을 통해 글들이 어색하지 않고 매끄럽게 읽히도록 작업을 한다.

윤문 작업은 보통 출판사에서 해 주므로 출판사에서 윤문 작업을 할 때 저자에게 '이런 식으로 바꾸겠다'는 식의 통보를 받을 것이다. 이때 기계적으로 동의하지 말고 윤문 작업이 실제 어떻게 이루어지는지 세심하게 관찰해 보라.

그리고 그러한 노하우를 다음 책을 쓸 때 적극적으로 반영하라. 그러면 윤문 작업이 불필요할 정도의 수준이 될 것이다.

퇴고 윤문과 관련하여 추천해 드릴 요령이 있다.

일단 초고를 완성하고 바로 퇴고 과정을 거치지 말고 조금 시간의 텀을 두자는 것이다.

왜일까?

초고 완성하고 바로 퇴고를 하면 퇴고도 초고와 별반 다를 것이 없어진다. 따라서 10일 정도 혹은 5일 정도 기간을 두고 퇴고를 하는 것이 좋다. 시간이 좀 지나면 아무래도 새로운 시각에서 검토할 수 있기 때문이다.

이렇게 해야 품질이 높아진다.

12 편집 및 디자인

편집은 편집자의 영역이어서 여기서는 이야기를 하지 않도록 하겠다. 다만 초심자일수록 편집은 일단 편집자에게 전적으로 맡겨 놓는 것이 좋다. 아무래도 초보자는 편집에 대해서 무지하기 때문이다. 다만 책을 여러 권 낸 작가라면 편집에 대해서도 본인의 의견을 적극 제시할 수 있을 것이다.

디자인은 책에 있어서 정말 중요하다. 가끔 어떤 출판사의 책을 보면 매우 성의가 없는 경우가 있다. 이런 책은 디자인에 너무 신경을 쓰지 않았다는 생각이 든다. 사람도 발표장에 나갈 때 옷을 말끔하게 입고 나가는 것이 전달력이 훨씬 좋다. 외모도 무기인 시대이다. 따라서 책의 디자인은 매우 중요하다.

서점이나 도서관에 가보라. 온갖 디자인의 책이 있다. 거기서 본인의 취향이나 스타일에 맞는 책 디자인을 골라보라. 그게 본인의 책 디자인의 기준점이 된다.

나도 첫 책을 출판할 때 도서관에서 가장 선호하는 형식의 디자인이 들어간 표지의 사진을 찍어서 출판사에 전달했다. 그리고 이런 형태의 디자인으로 해 달라고 했다.

두 번째 책은 계약 협상 당시 출판사에 선결 조건으로 디자인을 내걸었다.

> 다른 조건은 출판사를 따르겠으나 책 표지 디자인만은 내가 추천을 하겠습니다.

그리고 실제로 그 형식으로 출간이 되었다.

나는 개인적으로 사진이 들어가거나 좀 복잡한 디자인을 싫어한다. 오히려 제목 글씨는 좀 굵고 크게 하고 나머지는 여백의 미를 살리는 것이 좋다고 생각한다.

사실 디자인이란 것이 개인별로 선호도가 제각각이라 정형화된 정답이 있지는 않다. 하지만 출판사마다 디자인의 특징이 있다. 따라서 출판사와 협의하여 잘 결정해야 한다.

13 인쇄, 제본, 출판, 유통

드디어 책이 인쇄가 되어 나왔다.

따끈따끈하다.

책이 인쇄되어 나오면 컴퓨터로만 보던 느낌과는 사뭇 다르다. 매우 감격적이다. 이때의 흥분은 평생 한 번만 느낄 수 있다. 첫 책이니까(마치 신인상은 일생에 한 번 밖에 탈 수 없는 것과 비슷하다!).

책은 보통 출간되면 1,000부~2,000부를 인쇄한다. 여기서 계약에 따라 다르기는 하겠지만 저자 몫으로 10~20부를 제공한다. 저자에게 홍보용이나 지인 제공용으로 제공하는 몫이다. 더 필요하다면 출판사에서 정가에서 대략 30% 정도 할인된 가격에 구입할 수 있다. 보통 계약서에 이런 내용이 명시된다. 이렇게 구입한 책은 인세(보통 책 판매 가격의 10% 이하)에 포함되지 않는다.

최근에는 전자 출판과 POD_{Publish on Demand} 출판으로 인해 종이책으로 인쇄하지 않는 경우도 많다. 전자 출판은 애시당초 전자 출판만 목적으로 하는 경우와 전자 출판부터 일단 하고 종이책 출판은 전자 출판의 반응을 보고 순차적으로 하는 경우로 나누어진다. '무엇이 좋다'고 하기보다는 전자책이 앞으로 대세가 될 것으로 보이므로 전자책에 대해서도 편견을 가지고 볼 필요가 없다.

요즘 전철을 타면 책 읽는 사람이 거의 없다. 설사 읽는다고 해도 전자책으로 읽는다. 간편하고 싸기 때문이다. 전자책간 출간한다고 해서 너무 좌절하거나 꺼려할 필요도 없다. 앞으로 전자책 선 출간(종이책은 나중에~!)이 대세가 될 수도 있다.

책을 처음 출간하는 초보 작가는 아무래도 종이책 출판을 원한다. 보통 책을 냈다고 하면 손에 쥐는 맛이 있어야 하기 때문이다. 손에 쥐어지지 않으면 아무래도 저자로서의 가치가 떨어진다고 생각하는 것 같다. 마치 아이들에게 장난감을 사 주는 것과 똑같다. 직접 가서 고르게 하고 손에 쥐어줘야 만족감이 높아진다(인터넷으로 사는 것보다 비싸다!). 앞으로 전자책 시장이 어떻게 변모할지 매우 궁금하고 기대가 된다.

POD 출판은 전자책만 출간해 놓고 종이책 주문이 들어오면 그때마다 인쇄를 해서 배송하는 시스템이다. 나는 이 방식도 상당히 괜찮은 방식이라고 생각한다. 하지만 최근 초판 인쇄 부수가 상당이 줄어들어 어떻게 하던지 별 차이는 없다.

무라카미 하루키와 같은 유명한 작가는 책이 인쇄되기도 전에 초판 뿐만 아니라 여러 판이 한꺼번에 팔려 나간다. 초판 인쇄 부수도 상당히 많다. 이런 유명한 작가가 아니라면 초판 부수는 지극히 제한적이다.

출판사가 보기에 아주 유명한 사람이거나 책의 초고가 매우 좋아 히트가 예상되면 초판을 1만부 이상 인쇄하는 경우도 가끔 있다. 이러한 상황은 출판사에서 마케팅을 전국구로 제대로 하겠다는 의지 표현이라고 보면 된다. 따라서 흥행에 성공할 확률이 매우 높아진다.

14 도서 홍보 및 마케팅

결론부터 말하겠다.

도서 홍보 및 마케팅은 출판사에서 한다. 하지만 이런 뻔한 결론을 이야기하려고 말을 꺼낸 것이 아니다. 도서 홍보나 마케팅은 저자가 직접 해야 한다. 출판사에서 하는 것과 별도로 저자가 해야 한다.

왜일까?

하루에도 200종 이상 신간 서적이 출간되는 현실에서 대부분의 책은 존재감 없이 사라진다. 출판사에서 보유하고 있는 노하우나 루트를 이용해도 마케팅 및 홍보에는 한계가 있다. 따라서 저자가 직접 마케팅을 할 필요가 있다.

그럼 마케팅은 어떻게 할까?

첫째, 인맥을 이용한다.

주변에 방송사 문화부 기자나 신문사 기자, 잡지사 기자가 있다면 그를 이용하라. 새로 나온 책이 있다고 알려라. 그리고 홍보해 달라고 해라. 언론에 한 번 타면 전파력이 생각보다 강하다. 따라서 인맥을 최대한 이용할 필요가 있다.

책과 관련된 분야의 전문가들이 있다면 이들에게도 알려야 한다. 이들이 강의나 책, 블로그 등에 신간 책을 소개해 준다. 이러면 관련 분야의 사람들이 책을 구입할 가능성이 커진다.

관련 단체에 책을 홍보하는 것도 방법이다. 이러한 책이 나왔으니 관심을 가져 달라고 하고 홈페이지나 블로그에 신간 출간에 대한 안내를 요청한다.

둘째, 전국 도서관에 도서 구입 신청을 한다.

도서관에 회원 가입을 한 후 구입 신청을 한다. 회원 가입 자격이 안 되면 자격 되는 사람에게 부탁이라도 해야 한다. 전국에 도서관이 300개가 넘게 있다. 여기서 한 권씩만 구입해도 300권이다(대형 도서관은 2권이나 3권도 구입한다!).

도서관에서 책을 구입하면 책이 대출될 수 있으므로 홍보에 매우 좋다.

추가적으로 도서관에 책을 안내하는 메일을 보내 책 홍보를 하는 것도 바람직하다. 도서관 사서에게 어필할 필요가 있다. 여기서 책 홍보를 위한 '한 장짜리 광고지'(인포그래픽 형식으로 만들면 좋다!)를 사전에 만들면 홍보하기가 더욱 수월하다.

셋째, 관련 유관 기관/단체/협회에 메일을 보낸다.

이때 책도 같이 보내면서 소개해 달라고 한다.

책은 한두 권 정도 보내면 된다. 관련 단체에서 책을 읽고 소개할 수 없으므로 책을 소개하는 한 장짜리 소개서를 같이 보낸다. 여기에는 강의가 가능하도록 저자의 소개와 연락처, 이메일 주소도 같이 포함시켜 보내야 한다.

이런 방식이 의외로 효과가 있다. 각종 단체들은 1년에 몇 번 정도 세미나 교육을 실시해야 한다. 이때 강사로 들어와 한 꼭지 정도 강의를 맡아 달라는 요청이 올 수 있다.

책을 쓰면 강의를 할 수 있다. 따라서 강의 전문이라고 소개하자. 진짜 전문인지는 중요하지 않다. 책을 쓰면 그 사람이 바로 전문가다. 그래서 책쓰기의 위력이 강력한 것이다.

무료 강의, 유료 강의 따지지 말고 책을 홍보할 수 있겠다 싶으면 무리를 해서라도 강의를 개최하자. 그만큼 책은 홍보된다.

넷째, 홈페이지나 블로그를 만든다. 그곳에 책을 철저하게 광고하자. 검색에 나오게끔 해야 한다. 관련 키워드를 넣으면 책이 나올 수 있게 하는 것이다.

책쓰기를 시작하자마자 블로그를 만들자. 식당도 맛집으로 소문나기 위해서 각종 파워 블로거들에게 무료로 식사를 제공하면서 광고를 해달라고 요청한다. 왜 이렇게 할까? 파워 블로거가 자신의 블로그에 특정 음식점이 맛집이라고 친절하게 안내하기 때문이다.

내 친구의 와이프가 이런 일을 한다. 아무리 맛없는 집에 가도 맛있는 것처럼 사진을 잘 찍어 블로그에 올린다. 사람들은 맛집을 검색하며 그 집을 찾아간다. 사실 맛이 없다면 한 번만 가고 말 것이다. 그래도 한 번만 성공해도 그만한 가치가 있다.

책도 키워드 검색 시 검색되기 위해서는 블로그에 관련 자료를 꾸준히 게시하는 것이 좋다. 또한 책이 검색에 나올 수 있게 키워드 태깅을 아주 구체적으로 해야 한다.

가령 〈아프니까 청춘이다〉라는 책을 예로 들어보자.
블로그에 책 소개를 잘하고 마지막에 태깅을 이렇게 한다.

김난도, 아프니까 청춘이다, 치유, 힐링, 베스트셀러

이 단어들을 검색하면 이 책이 나오도록 해야 한다. 이런 치밀한 방법이 마케팅에는 절대적으로 필요하다.

다섯째, 강의를 할 수 있게 여건을 조성한다.

강의를 하게 되면 책을 홍보할 기회가 저절로 생긴다. 따라서 출간하는 책에 저자의 이메일이나 연락처를 기재하는 것도 방법이다. 연락처를 보고 강의 의뢰가 올 수 있다.

홍보가 우선이므로 강의는 유상, 무상을 가리지 말아야 한다. 그야말로 무차별적으로 홍보해야 한다. 책도 시간이 지나면 소위 약빨이라는 것이 희석되므로 초반에 임펙트 있게 밀어붙이는 것이 좋다.

여섯째, 가입한 블로그나 카페에 책을 홍보한다.

나도 꽤 많은 블로그 친구와 가입 카페가 있다. 여기에다가 얼마 전에 책을 출간했으며 어떤 장점이 있다는 등의 진솔한 이야기를 담는다. 카페 주인에게 책을 보내 홍보해 달라고 하거나 카페에 퀴즈나 신청을 받아 책을 주는 것도 좋은 홍보 방식이다.

PART 5 15분 책쓰기를 위한 13가지 방법

• 실제 책을 쓰기 위한 13가지 노하우 •

01 수장선고(水長船高) - 독서는 쓰기의 바탕이다

그래도 읽어야 한다. 읽지 않고 쓴다는 것은 상상할 수 없다. 작가가 된다고 결심했으면 많이 읽어야 한다. 많이 읽고 많이 쓰고 많이 생각하는 사람이 제대로 쓸 수 있다.

우리 옛말에 수장선고(水長船高)란 말이 있다. 물이 많으면 배가 높게 뜰 수 있다는 뜻이다. 난 이 말을 무척 좋아한다. 사람도 내공이 쌓이면 저절로 급이 올라가게 되어 있다. 내 역량을 쌓고 내 자질을 훌륭하게 갖춘다면 그 사람은 누가 뭐라고 해도 빛날 수밖에 없다.

얼마 전 텔레비전에서 삼성전자 부회장인 이재용 회장이 한 말이 무척이나 인상 깊었다. 문재인 대통령이 요즘 반도체가 불경기가 어렵지 않냐고 물으니 이재용 부회장은 이렇게 대답했다.

이제 제대로 된 실력이 나오는 거죠.

얼마나 멋진 말인가?

실력은 위기일 때 나오는 것이다.

평온할 때는 실력을 발휘할 기회가 없다. 난세에 영웅이 나온다는 말도 있지 않은가?

결국 실력이 없으면 결코 전문가가 될 수 없다. 어느 정도 실력이 뒷받침되어야 프로로서 인정받을 수 있다.

책쓰기도 마찬가지다. 책쓰기를 제대로 하려면 밑바탕이 있어야 한다. 주변에 사람들이 특출한 자질을 보이거나 하면 나는 항상 이런 말을 한다.

'책을 써 보세요~!'

그러면 사람들은 황당한 표정을 짓는다.

'내가 어떻게 책을 써?' 하며 원망스러운 눈빛으로 나를 쳐다본다. 본인이 책을 쓸 역량이 없다고 생각하는 것이다. 나는 이것이 우리 교육의 문제라고 생각한다. 역사를 가르치면서 미래는 가르치지 않고 도덕은 가르치면서 성교육은 등한시하고 책은 읽으라고 하면서 글쓰기는 정작 가르치지 않는다.

우리나라도 하루 빨리 글쓰기를 가르쳐야 한다. 책 읽고 독후감을 쓰는 수준에서 머무르지 말고 일정한 주제를 놓고 쓰기 연습을 꾸준하게 시켜야 한다.

글을 쓰는 자만이 자기주장을 할 수 있으며 자기 목소리를 온전히 낼 수 있다. 아무 글이나 상관없다. 일단 쓰기 시작하라! 달라진 인생이 당신을 기다리고 있다. 왜 쓰기를 주저하는가? 쓰기에 무슨 특출한 재능이 필요할까? 나는 절대 아니라고 생각한다. 매일 신문 사설 한편씩 분석하고 외워 쓰는 연습을 해 보라. 그리고 쓴 글을 사설과 비교해 보라. 이 작업을 6개월만 하면 당신은 어느 순간 명필가로 변모해 있을 것이다.

작가가 되려면 남이 쓴 글도 읽어야 하고 남의 의견도 경청할 줄 알아야 한다. 그래야 자기 생각을 가질 수 있다. 남과 나의 공통점과 다름을 인정하고 '왜 그럴까?' 하는 생각을 항상 해야 한다. 그리고 남이 적은 글을 보면서 평가도 하고 베끼기도 하고 모방도 하면서 글쓰기가 성장하는 것이다.

가끔 컴퓨터나 스마트폰을 사용하는 사람들을 보면 내가 모르는 특수한 기능을 사용하는 경우를 많이 보았다. 나는 그런 것을 보면 신기해서 어떻게 하냐고 물어본다. 매일 쓰던 것만 쓰니 새로운 기능이 있어도 알 도리가 없다. 남이 사용하는 것을 보고 '아 저런 기능도 있구나' 하는 것을 느낀다.

책쓰기도 마찬가지다. 내 것만 가지면 발전이 없다. 다름 사람이 뭘 쓰는지를 보고 느껴야 한다. 그리고 좋은 것은 받아들여야 한다.

책쓰기를 하다 보면 느끼는 것이 '인용'에 관한 문제이다. 인용을 잘하려면 결국 다른 사람의 글이나 책을 읽어야 한다. 대부분의 인용은 글이나 책에서 나오기 때문이다.

하지만 너무 걱정하지 않아도 된다. 책쓰기를 위해서는 우리가 생각하는 책의 열 배 아니 백 배를 읽어야 한다. 그것도 아주 철저히 분석적이고 다분히 능동적으로!

수장선고!

이 말을 명심하고 내공을 쌓아 프로가 되자. 항상 프로라는 생각을 가지고 사물을 바라보자. 다른 시야가 열릴 것이다.

02 그럼 언제, 어디서 써야 할까?

책쓰기 아니 작가가 되기로 결심했다면 '글은 어디서 써야 할까?'에 대한 고민이 들 것이다. 그리고 '언제 책을 쓰는 것이 좋을까?' 하는 생각도 들 것이다.

나도 그랬다.

나는 내 글을 쓰는 별도의 공간이 있다. 회사에서 독방을 쓰기 때문이다(근무 시간에는 쓰지 않는다! 당연히!). 하지만 나와 같은 좋은 환경이 아니라면 장소는 항상 문제다.

사실 글쓰기 장소는 글쓰기 시간과도 밀접한 연계가 되어 있다. 전업 작가가 아닌 이상 일정 시간대에 어느 장소에 있는가가 대략 정해져 있기 때문이다. 가령 내가 회사원이라고 가정해 보자. 새벽이나 밤에 글을 쓴다면 당연히 장소는 집이나 집 근처가 될 것이다. 낮에 쓴다고 하면 회사가 될 것이다.

글쓰기 공간에 대해 설왕설래가 많다. 물론 유명한 작가가 된다면 자기만의 글쓰기 공간을 별도로 확보할 수 있을 것이다. 돈이 많은 사람이라면 역시 가능할 것이다. 하지만 나는 그런 팔자 좋은(?) 사람들을 이야기하는 것이 아니다. 악조건에서도 책을 써야 하는 우리 보통 서민을 위한 책쓰기를 말하는 것이다.

내가 처음 15분 책쓰기를 주장하게 된 것이 바로 '세바시(세상을 바꾸는 시간 15분)'를 보고 난 후이다. 나는 인간이 집중할 수 있는 최대의 시간이 15분이라고 본다. 물론 컨디션 좋은 날은 더 집중할 수도 있겠지만 매일 책쓰기를 한다고 가정해 보면 평균적으로 15분이 가장 좋다.

15분 글쓰기의 요체는 장소를 불문한다. 어디서든 차 한잔 마실 시간이면 충분하다. 하루에 두 꼭지면 한 달이면 60꼭지다. 책 한 권이 완성될 충분한 분량이다.

나는 책쓰기 장소를 가리지 않지만 주로 회사에서 저녁 때 글을 쓰는 편이다. 왜냐하면 회사 컴퓨터는 모니터가 3개가 있어서다. 모니터 3개를 쓰면 정말 편하다. 가운데 모니터는 글을 쓰는 창이고 왼쪽에 세로로 놓은 모니터는 목차를 띄어 놓는다. 목차를 보며 꼭지의 세부 내용을 작성한다. 오른쪽 모니터는 자료를 찾을 때 쓴다. 가끔 헷갈리는 맞춤법도 찾아본다. 이런 이유로 나는 회사에서 쓰는 것을 좋아한다.

하지만 가끔 회사에서 책쓰기를 하다가 지칠 때가 있다. 아무리 앉아 있어도 전혀 집중이 안 된다. 그럴 때는 회사를 나와서 커피숍에 간다. 커피숍에서 노트북(나는 글쓰기 전용 노트북을 2개 가지고 있다!)을 켜서 작업을 한다. 아메리카노 한잔의 여유와 글쓰기는 환상궁합이다. 그래서 나는 직업병이 생겼다. 커피숍을 가면 항상 영업 시간이 몇 시까지인지, 책쓰기 좋은 공간인지 확인하는 버릇이 생겼다. 책쓰기 좋은 커피숍의 조건은 일단 탁자가 편해야 하고(쇼파는 좀 힘들다) 높이도 맞아야 한다. 거기에 전기 콘센트(최소 2구가 있어야 한다. 그래야 노트북, 스마트폰을 동시에 연결할 수 있다. 이게 안 되면 멀티탭을 가지고 다니면 된다!)가 있어야 한다. 노트북 전원을 유지하기 위해 필요하기 때문이다. 와이파이가 되면 금상첨화다. 그리고 사람이 별로 없으면 더욱 좋다. 그렇다고 너무 고요한 곳은 싫다. 고요하면 오히려 도서관에 온 것 같아 집중이 더 안 된다. 다소간의 소음은 화이트 노이즈(백색 소음)와 같이 글쓰기에도 도움이 된다.

〈작가의 공간〉을 쓴 에릭 메이젤도 가끔은 카페로 가라고 말한다.

집도 좋고 회사도 좋다. 카페도 좋다. 도서관도 좋다. 아무 데면 어떠하랴? 어디든 내가 있고 노트북만 있으면 뭐든지 할 수 있는 세상이다. 하얀 캔버스 위에서 명화가 탄생하듯 내가 켜 놓은 노트북 모니터에서 찬란한 역사가 시작될 수 있다.

03 쓸 것인가? 두드릴 것인가?

이제 더 본질적인 문제를 이야기해 보자. 사실 중요하게 생각하지 않을 수도 있다. 하지만 이 문제는 아주 중요하다.

과거에 컴퓨터가 보급되기 전에는 글쓰기를 할 때 원고지나 종이에 작업을 했다. 하지만 최근에는 컴퓨터나 노트북이 보급되면서 컴퓨터를 이용하는 작가가 대부분이다.

컴퓨터는 손글씨에 비해 무슨 장점이 있을까?

내가 좋아하는 방송 작가인 정하연 작가는 아직도 1,000자 원고지에 작업을 한다. 손으로 작업한 원고는 조수가 일일이 컴퓨터에 입력한다. 손으로 원고를 쓰는 사람들은 손글씨의 맛이 아주 뛰어나다고 한다. 그 특유의 마찰력이 글쓰기의 매력에 흠뻑 빠지게 한다는 것이다. 그래서 컴퓨터로 쓰기가 힘들다고 한다. 또한 좀 연배가 있으신 분들은 손글씨로 작업하는 분들이 많다. 〈칼의 노래〉, 〈남한산성〉을 쓴 김훈 작가도 아직 손글씨로 작업을 한다.

나는 손글씨와 컴퓨터(혹은 노트북) 어느 것이 더 좋다고 일도양단(一刀兩斷)식의 판단을 하지는 않을 것이다. 다만 컴퓨터가 수정이 편리하다는 것은 누구나 인정해야 하는 사실이다. 글쓰기를 할 때 한 번에 완성된 원고를 쓰는 사람도 있고 적당히 써놓고 무수히 많은 퇴고를 하는 사람이 있다. 전자라면 손글씨로 작업을 하는 것도 상관이 없겠으나 퇴고(수정)를 많이 하는 작가라면 아무래도 컴퓨터로 작업하는 것이 수월할 것이다.

컴퓨터 타자에 익숙한 사람이라면 손글씨보다 확실히 타자가 빠르다. 나도 나름(?) 신세대에 속하는 축이라 원고 작업을 할 때 컴퓨터로 한다.

또한 유명한 작가가 아니라면 원고 투고 시 복수의 출판사에 해야 한다. 이 경우 원고지로 쓴다고 해도 막상 투고를 하려면 컴퓨터로 워딩 작업을 해야 하기 때문에 원고지로 쓰는 것은 좀 아닌 것 같다는 생각도 든다(물론 손으로 쓰고 컴퓨터로 옮기면서 검토하는 것도 좋은 방식이다!).

하지만 손글씨도 무시하지 못하는 매력이 있다. 마치 산모가 아이를 출산하듯이 한자 한자 땀흘려 쓰는 손글씨의 쾌감이 있기 때문이다. 따라서 '손글씨로 쓰는 것이 과연 시대에 뒤쳐진 책쓰기의 방법인가?' 하는 생각도 든다.

베스트셀러인 〈여자의 모든 인생은 20대에 결정된다〉를 쓴 남인숙 작가는 노트북을 이용해 집에서 주로 책을 쓴다. 예전에 SNS에 남 작가가 책을 쓰는 모습을 공개한 적이 있다. 남작가는 노트북을 전용 거치대에 올려놓고 키보드를 연결하여 작업을 한다. 거치대가 있으면 눈높이를 맞출 수 있고 별도의 키보드를 사용하면 아무래도 노트북 자체 키보드보다 편하기 때문이다. 나도 이것을 보고 똑같이 노트북 거치대와 키보드를 별도로 마련하여 집에서는 남인숙 작가와 똑같은 방식으로 글을 쓴다. 매우 편리하고 좋다.

간혹 책쓰기가 어려운 곳이라면 어쩔 수 없이 손글씨를 쓰거나 아니면 스마트폰 글쓰기 앱을 통해 작업을 한다. 여기서는 글쓰기의 속도를 높이기 위해 '블루투스 키보드'를 사용한다. 블루투스 키보드는 최근에 장만을 했다. 3단으로 접어지는 키보드로 펼치면 노트북 키보드 크기 정도는 되고 접으면 손 한 뼘 정도의 크기라 평소에 가지고 다니기도 좋다.

무엇이 좋은지는 본인이 편한 대로 정하면 된다.

나는 쓰는 것보다 두드리는 것이 편하다. 그래서 차에 항상 노트북 키보드 등 글쓰기 공구(?)를 싣고 다닌다. 그래서 언제 어디서든 시간이 나면 바로 책쓰기 모드에 돌입할 준비가 되어 있다!

마치 내가 수영을 좋아해서 차에 항상 수영복 세트를 싣고 다니는 것처럼!

04 한 달이면 책 한 권을 쓸 수 있다

책 한 권을 쓰려면 얼마만큼의 시간이 걸릴까?

이것은 정답이 없다.

하루 종일 글을 쓸 수 있다면 며칠이면 충분하다. 내 생각엔 대목차가 보통 4~8개이므로 4일에서 8일 정도면 가능할 것 같다.

좀 빠른 사람은 하루, 이틀 만에도 쓸 수 있을 것이다. 하지만 이런 비정상적인 경우를 예로 들지 말자. 정상적인 사람의 수준에서 바라보자.

나도 지금 하루에 2꼭지 즉, 6페이지를 매일 쓰고 있다. 적어도 초고를 쓸 때는 이 기준을 지킨다.

내 기준으로 보면 얼마면 책 한 권이 완성될까?

매일 6페이지씩 30일을 쓰면 180페이지가 된다. 책 한 권으로 충분한 분량이다. 180페이지 분량이면 초고로 충분하다. 나중에 퇴고 작업을 거치다 보면 180페이지는 분명히 200페이지를 넘어가게 되어 있다. 이런 저런 내용이 추가되기 때문이다.

그러면 한 달에 책 한 권을 쓸 수 있다는 결론에 이르게 된다. 이것은 철저하게 초고 기준이다.

산술적으로 계산하면 12달이면 책 12권의 초고를 완성할 수 있다. 물론 이런 계산으로 12권의 책을 매년 출간하는 것은 쉽지 않다. 수정 작업과 출판사 투고, 계약을 한다고 하더라도 출판사 출간 일정을 맞추고 각종 걸림돌을 제거하다 보면 책 한 권 내는 데 시간이 꽤 오래 걸린다.

하지만 여기서 그런 것은 따지지 말자.

나는 순전히 '책 한 권을 쓰기 위한 오롯한 시간'을 말하는 것이다.

내가 주장하는 '15분 책쓰기'는 하루에 2꼭지 즉 6페이지를 쓰는 것이다. 이러한 15분 책쓰기는 직장을 다니면서, 학교를 다니면서도 충분히 가능하다. 따라서 매일 6페이지씩 쓰는 것은 하루도 빼먹지 말고 무조건 달성해야 하는 명제라고 생각하자.

200페이지를 막상 쓰려고 하면 엄두가 나지를 않는다. 하지만 하루에 6페이지를 쓰는 것은 어렵지 않다. 물론 여기서 6페이지는 책 판형 형태로 6페이지다. A4에 빽빽하게 6페이지나 원고지 6페이지를 의미하는 것이 아니다. 이점에 유의하자.

너무 멀리 볼 필요가 없다. 하루에 6페이지면 족하다.

나처럼 글을 빨리 쓰는 사람은 15분에 3페이지가 가능하다. 대신 생각을 줄이고 본능적으로 이야기를 풀어 나가야 한다. 한번 이야기를 시작하면 다음 이야기가 실타래처럼 줄줄 흘러나온다. 이때 도중에 멈추지 않고 머리가 움직이는 것을 손으로만 기계적으로 전달만 하면 된다. 그러면 15분에 3페이지 쓰기가 가능하다.

하지만 처음 쓰는 분들은 나처럼 익숙해져 있지 않아서 힘들 것이다. 이럴 경우 15분이 조금 초과해도 상관없다. 하다 보면 속도가 붙는다. 그리고 궁극에는 속도를 붙여 3페이지를 15분에 쓰게 된다. 그리고 15분이란 시간이 얼마나 빨리 지나가는지 깨닫게 된다. 15분은 정말 바람과 같은 시간이다.

〈김병완의 책 쓰기 혁명〉의 김병완 작가는 책을 한 달 만에 쓸 수 있다고 하면서 이것을 증명하는 데 대목차 하나를 할애한다. 김작가는 '원고를 나누면 원고가 탄생한다'고 표현하고 있다. 이 말이 내가 하고자 하는 말이다. 김병완 작가의 말을 들어보자.

> 그러므로 내가 선택한 방법은 (원고지) 1000매를 30등분하는 것이다. 원고량을 쪼개어 하루에 33매만 쓰면 한 달이면 한 권의 책이 탄생한다.

사실 이 말은 아주 당연한 말이다. 계산기를 굳이 두들겨보지 않더라도 쉽게 알 수 있다. 하지만 사람들은 이런 단순한 원리를 쉽게 이해하지 못하는 것 같다. 원고량의 전체를 볼 필요가 없다. 그냥 하루하루 목표에 충실하면 된다.

김병완 작가는 이런 방식으로 1년 10개월 동안 40권의 책을 출간했다. 그야말로 '책쓰기 신'의 경지에 오른 것이다. 우리도 노력해서 이분처럼 되지 말라는 법이 없다!

일본의 전설적인 작가 나카타니 아키히로는 700권의 책을 출간했다. 그는 죽기 전까지 3,000권의 책을 출간할 계획이라고 한다. 그가 책을 많이 쓰게 된 결정적 이유가 '질보다는 양'이라고 한다. 양을 늘리면 그 안에 질 좋은 것이 있기 마련이다. 질을 노리면 양도 안될뿐더러 질까지 나빠진다. 양속에서 질이 나오기 때문이다.

05 하루하루 쓰기에 충실하자

글쓰기는 하루라도 쉬면 안 된다. 그러면 글쓰기의 감을 잃어버린다. 하지만 사회생활을 하다 보면 전업 작가가 아닌 이상 하루 이틀 쉬는 일이 발생하기도 한다. 가령 출장을 가거나 여름휴가를 가면 글쓰기가 쉽지 않다. 더욱이 다른 사람과 같이 갔을 때는 더욱 그러하다.

하지만 이것은 모두 비겁한 변명이다.

하루 15분씩 두 번 30분 책쓰기 시간을 낼 수도 없이 바쁜가? 그렇다면 마인드를 바꾸자. 책쓰기 어려운 상황이 닥칠수록 '오늘 책쓰기가 잘 되겠는걸?' 하는 마음을 가지자. 인생은 마음먹은 대로 흘러가니까.

육체적 노동을 하는 분이라면 아침에 조금 일찍 일어나서 작업하기를 권해드린다. 아침 15분은 저녁 30분 이상의 효과가 있다. 그리고 강력한 글쓰기의 시간은 아침이라고 이미 수많은 작가들이 입을 모아 말하고 있다.

개인마다 사정이 다 다르기 때문에 특정 시간에 글을 쓰라고 말하기는 쉽지 않다. 한 가지 확실한 것은 책쓰기를 하려면 최소한 책을 쓰겠다는 열정을 가지고 이에 더해 부지런해야 한다는 사실이다. 하루에 두 번 15분씩 일정 시간에 책을 쓰기가 생각보다 쉽지 않다.

나는 그럼에도 불구하고 매일 책을 쓸 것을 주장한다. 우리 자연과학에는 '관성의 법칙'이라는 것이 있다. 탄력을 한 번 받으면 그대로 갈 수 있는 것이 관성의 법칙이다. 한 번 움직일 때가 어렵지 일단 탄력이 붙으면 쭈욱(나는 '쭉'보다 이 표현이 더 좋다!) 가게 되어 있다.

책쓰기도 마찬가지다. 일단 처음 시작하는 것이 힘들 뿐이다. 며칠 하다 보면 습관이 되어 자신도 모르게 책쓰기를 매 끼 식사를 하듯이 하게 되어 있다.

영화 어비스(심연)의 대사 중 이런 말이 있다.

> When you look into the abyss,
> The abyss also looks into you.
> 그대가 오랫동안 심연을 들여다 볼 때,
> 심연 역시 그대를 들여다본다.
>
> 　　　프레드릭 니체Friedrich Nietzsche

이 말을 책쓰기에 견주어 보면 다음과 같다.

그대가 책을 매일 쓸 때,
책 역시 그대와 함께 쓴다.
When you write a book everyday,
The book also writes with you.

얼마나 멋진 말인가?

역사학자 에드워드 핼릿 카E. H. Carr가 이렇게 말했던가? 역사는 과거와 현재와의 끊임없는 대화라고.

책쓰기는 책과 나와의 끊임없는 대화이다. 내가 매일 책을 쓰면 책도 또한 나를 쓰게 된다. 그렇게 작가가 되어가는 것이다.

매일 15분씩 집중해서 본능적으로 책쓰기를 하자. 힘들어도 매일 하자. 처음엔 어렵다. 그리고 잘 안 써진다. 하지만 며칠 하다 보면 탄력이 붙는다. 관성이 생긴다. 그래서 더 잘 쓸 수 있게 된다. 이렇게 습관을 들이다 보면 매일 책을 쓰지 않으면 불안해진다. 그래서 다른 일을 제쳐 놓고 일단 15분 책쓰기를 한 후 다른 일을 하게 될 것이다.

그게 바로 책쓰기다!

사실 이런 의미에서 과학자들의 책쓰기는 참 어렵다. 과학자들은 과학 논문 쓰기에 단련이 되어 있다. 과학 논문은 사회과학 논문처럼 길지 않으므로, 단어 선택에 상당히 신중을 기한다. 하지만 불행히도 이런 콘셉트로는 책쓰기가 쉽지가 않다. 방식을 달리해야 한다.

과학자라고 해서 예외는 없다. 하루 2꼭지를 15분씩 쓰자. 그것도 매일! 책쓰기를 습관으로 만들자. 연구와 업무로 몹시 바빠도 좋다. 가족들을 돌보느라 하루하루 허덕여도 좋다. 하루 150분을 내라는 것이 아니다. 그저 15분이다. 그것도 두 번! 이게 힘들다면 그것이야 말로 비겁한 변명이다.

06 인용을 잘해야 책이 재밌다

나는 책쓰기 초반에 책을 쓰기 위해 책 분석을 참 많이 했다. 그럼 책 분석이란 과연 무엇일까? 말 그대로 책을 형태적, 내용적으로 분석하는 것이다.

가령 책을 한 권 딱 들고 다음 세 가지를 먼저 본다.

1. 책 제목과 저자(역서라면 번역자까지)
2. 책 출판사
3. 책 페이지 수

이렇게 보면 얼추 견적이 나온다. 어떤 책이며 느낌이 어떠할지 감이 잡힌다. 페이지 수는 두께를 보고 대략 추정을 하는데, 틀릴 때가 많다. 왜냐하면 종이 두께가 제각각이기 때문이다.

어떤 책은 300페이지 정도 되는 것 같아도 막상 보면 200페이지 밖에 안 되는 책도 있다. 두꺼운 종이를 쓰기 때문이다. 따라서 책 페이지가 적은 책은 종이를 재생지 형태의 두꺼운 종이를 쓸 것을 추천한다. 그래야 책 제목을 적을 수 있는 공간이 나온다. 반대로 책이 300페이지 이상으로 두껍다면 얇은 종이를 쓸 것을 추천한다. 책이 너무 두꺼우면 선뜻 손이 나가지 않기 때문이다.

그리고 책 앞의 목차를 보고 세부 목차를 어떤 식으로 구성했는지 확인한다. 이렇게 하면 책의 대략적 내용을 파악할 수 있다.

내가 왜 이런 이야기를 하는가 하면 바로 '인용' 때문이다. 대부분의 책을 보면 자기 이야기를 쓰는 것은 지극히 일부분이다. 나머지는 다른 이야기를 인용하여 재구성한 것이다. 혼자만의 글로 200페이지가 넘는 책의 내용을 가져오기란 현실적으로 쉽지 않다(여기서도 파레토의 법칙이 적용된다. 책의 20%만 본인이 쓴 것이고 80%는 남의 의견일 뿐이다). 그래서 인용이 중요하다. 다른 저자의 글을 인용하면 한두 페이지는 쉽게 나간다. 그렇게 하다 보면 인용이 분량을 만들어준다.

또한 인용을 하면 책의 공신력도 높아지고 책 내용이 재미있어진다. 나는 실제로 이런 경험을 많이 했다. 누가 이런 이야기를 하더라 하고 이야기를 시작하는 것과 원론적인 이야기를 시작하는 것은 그 재미나 집중도에서 많은 차이가 난다.

책은 재미있어야 한다. 그러기 위해서 추천하는 것이 바로 '인용'과 '스토리텔링'이다. 인용을 적시적소에 하고 스토리텔링 식으로 이야기를 하면 책이 재밌다. 재밌는 책은 술술 읽히기 마련이다.

혹자들은 작가 자신만의 생각이 아닌 인용은 표절이나 짜깁기라고 비아냥하는 경우도 있다. 하지만 이것은 매우 잘못된 생각이다. 다양한 사람들의 이야기를 들어보고 이에 대해서 판단하고 재구성하는 것은 과학자들의 논문에서도 흔히 있는 일이다. 따라서 인용을 꺼릴 것이 아니라 오히려 권장해야 한다. 다만 너무 많은 양을 인용하면 저작권 침해의 문제가 발생할 수 있으므로 유의해야 한다. 따라서 인용 시 출처를 명확히 밝히고 '내용'을 차용하더라도 '표현'을 그대로 베끼는 일은 없어야 한다.

〈나는 이렇게 쓴다〉의 기시 유스케는 '소재와 스토리를 그대로 차용하면 표절이 되지만, 구성이나 본질을 참고하는 건 나쁜 일이 아니다. 오히려 두 손 들고 환영할 만한 일'이라고 이야기한다.

〈퀀텀 독서법〉의 김병완 작가도 똑같은 말을 하고 있다. 김작가는 '편집과 인용의 신이 되어라'라고 말하고 있다.

당신이 누군가로부터 배웠다는 것을 숨기지 말고 부끄러워하지 마라.
당신이 읽은 모든 책은 당신의 스승이며, 그 작가들은 당신의 사부이다.

김병완, 〈퀀텀 독서법〉

얼마나 멋진 말인가?

우리는 인용의 신이 되어야 한다.

〈리딩으로 리드하라〉의 작가 이지성의 책을 봐도 인용을 적시적소에 참 잘 했다. 베스트셀러 작가가 되려면 인용의 고수가 되어야 한다. 책을 읽을 때 인용을 어떻게 하는지 유심히 살펴보기 바란다. 책쓰기의 방법이 눈에 보일 것이다.

07 편집과 창작의 차이

성경Bible은 전체가 66권으로 이루어져 있다. 그중에 전도서Ecclesiastes 란 성경이 있다. 전도서 제3장에는 다음과 같은 말이 있다.

해아래 새것이 없나니.

이 말은 하도 유명해서 비단 성경뿐만 아니라 일반 사회생활에서도 많이 인용하는 문구이기도 하다.

이 말의 의미는 무엇일까? 지금 왜 이 시점에서 이 말을 꺼낸 걸까?

우리 인간은 새것을 만들기가 쉽지 않다. 무에서 유를 창조하는 것은 거의 불가능하다. 설사 있다 하더라도 그건 무에서 유를 창조한 것이 아니라 우리가 그렇게 생각하는 것이다. 이미 있던 것을 우리가 몰랐을 뿐이다.

기술적인 분야이기는 하지만 특허 쪽을 봐도 그렇다. 발명은 '기술적 사상의 창작'이다. 여기서 창작이라는 말이 가지는 의미가 무엇일까? 없는 것을 만들어내는 것이 창작일까? 창작의 사전적 의미는 다음과 같다.

방안이나 물건 따위를 처음으로 만들어 냄

즉 방법이나 물건을 최초로 만들면 그것이 바로 창작이다. 여기서 우리는 주목해야 한다.

방법이나 물건을 최초로 만드는 것이 창작이라는데 창작은 무에서 유를 창조하는 행위일까? 아니면 기존에 충분히 생성 가능한 원리를 처음 시도한 사람이 가지는 우선권일까? 나는 후자라고 생각한다. 해아래 새것은 없다. 다 기존에 있던 것을 '처음 본 것처럼 보이게 한 것' 뿐이다.

따라서 내가 지금 여기서 말하고자 하는 핵심은 창작과 편집은 서로 다르지 않다는 것이다.

편집의 사전적 의미는 무엇일까?

자료나 원고 등을 수집·정리·구성하여 일정한 형태로 마무리하는 과정 및 그 행위와 기술

편집의 정의는 다양하지만 나는 위 정의가 가장 마음에 든다. 기존의 자료들을 모아서 재배치하는 것 이것이 바로 편집이다. 그러면 결론적으로 창작과 편집은 비슷한 개념이 된다. 그 경계점이 모호하다. 해아래 새것이 없듯이 결국 있는 것을 없던 것처럼 보이게 하면 되기 때문이다.

〈지의 편집공학〉이라는 책을 쓴 일본의 편집공학 전문가 마쓰오카 세이고는 창작과 편집에 대해 다음과 같이 절묘하게 설명하고 있다.

> 전 제가 쓴 책들이 모두 온전히 제가 창작한 글이라 생각하지 않습니다. 그저 제가 살아오면서 읽고 경험하고 배운 것들을 재구성하여 낯설게 보이게 하고, 독자들에게 새로운 것으로 보이게 하여, 새롭다는 것을 느끼게 할 뿐입니다.
>
> 마쓰오카 세이고, 〈지의 편집공학〉

얼마나 편집에 대해서 잘 설명하는 말인가? 나는 이 글을 읽으면서 무릎을 '탁'쳤다. '바로 이것이다'라는 감탄사와 함께!

즉 편집을 잘하면 그게 창작이다. 그리고 창작을 아무리 열심히 한들 그건 이미 무의식적으로 기존에 있던 것을 편집한 것에 지나지 않는다! 이게 창작과 편집이 같다는 원리이며 본질이다!

〈나는 이렇게 쓴다〉의 저자 기시 유스케도 똑같은 말을 한다.

> 환골탈태(換骨奪胎)라는 말이 있듯이, 옛사람의 아이디어와 형식을 본뜨고 자신만의 아이디어를 가미해 새로운 작품을 만드는 건 예술기법으로 인정받는다.
>
> 선례가 있는 기법이나 트릭도 나름대로 내용을 가미해 새로운 작품으로 승화시킨다면 조금도 문제가 되지 않는다.
>
> 기시 유스케, 〈나는 이렇게 쓴다〉

08 쓰다 보면 늘게 되어 있다

처음부터 완벽하려고 하면 안 된다. 그리고 완벽할 수도 없다. 책을 한 권 딱 썼는데 그 책이 불후의 명저가 될 수 있을까? 그럴 수도 있겠지만 대부분 아닐 것이다.

왜일까?

만약 한 권을 써서 불후의 명저가 되었다면 그 사람은 책만 처음 썼을 뿐이지 이미 글쓰기에 대해서 도통한 사람이다. 글 자체를 처음 쓰는 사람의 책은 결론적으로 명저가 될 수가 없다.

글이란 것은 쓰면서 느는 것이다. 그래서 책을 처음 낸 사람에게 완벽을 요구해서는 안 된다. 좀 어설프고 부족해 보이더라도 박수쳐 주고 응원해줘야 한다. 한 번에 제대로 된 책을 쓰기는 무척이나 어렵다. 아무리 글재주가 좋더라도 결코 쉽지 않다.

그래서 우리는 다작을 해야 한다. 책을 많이 쓰다 보면 그중에 한 권이 불후의 명저가 될 수 있다. 질로서 승부할 수 없다면 양으로 승부하자는 말도 있지 않은가?

유명한 작가들의 책이 모두 다 성공한 것은 아니다. 그중에 한두 권이 성공했을 뿐이다. 마치 트로트 가수와 같다고 보면 된다. 유명 트로트 가수를 보면 히트곡 1,2곡으로 평생을 우려먹는다(표현이 좀 과했나? 아니면 1,2곡으로 평생 활동한다. 혹은 밥 먹고 산다).

베토벤도 교향곡을 200곡 이상 썼다고 하지만 그중 우리가 아는 것은 몇 개 되지 않는다. 모차르트는 안 그랬을까? 차이코프스키는 안 그랬을까? 미술계의 고흐는 안 그랬을까? 다 마찬가지다.

얼마 전 충남대 모 교수가 조정래 작가의 '정글만리'를 읽고 매우 실망했다는 글을 쓴 것을 본 적이 있다. 나는 비록 그 교수가 '원로라고 늘 좋은 작품만 쓰는 게 아니라는 걸 잘 안다'라고 밝히기는 했지만 베스트셀러 작가가 겪는 완벽주의 이데올로기에 갇혀 있다고 본다. 물론 대학 교수는 비평이 직업의 일부이므로 비평할 수는 있다. 하지만 나는 다른 시각으로 본다(내 생각도 내 자유다!).

조정래 작가가 〈태백산맥〉이란 역사에 남을 걸출한 소설을 쓴 것으로 그는 이미 작가로서 이룰 것은 다 이루었다. 그 이후 〈정글만리〉가 〈태백산맥〉에 미치지 못한다고 하더라도 어찌 보면 당연한 것이다. 처음 토익에 만점 받은 수험생이 다음 시험에 만점 못 맞으면 욕먹는 것은 당연지사다. 그런데 한 500점 맞던 친구가 700점으로 200점 대폭 상향되었다면 엄청나게 칭찬을 받았을 것이다. 조정래 작가도 그런 상황이었던 것이다.

쓰다 보면 글쓰기 실력은 늘게 되어 있다. 그렇다고 불후의 명작이 책 쓰는 순서대로 나오는 것은 아니다. 시간이 지날수록 더 우수한 책이 나온다면 좋겠지만 반드시 그렇지 않다.

그리고 글쓰기도 일정 수준에 오르면 더 이상 크게 늘지도 않는다. 글쓰기란 것이 그런 것이다.

09 빨리 책 쓰는 비법

15분 책쓰기의 핵심은 빨리 쓰는 것에 있다. 그러려면 책쓰기를 머리로 하지 말고 손으로 해야 한다. 손 가는 대로 머리는 맡겨두기만 하면 된다.

이런 말을 하면 보통 사람들은 잘 이해를 하지 못한다.
본인이 이제껏 배워 온 것이랑 전혀 다른 말이기 때문이다.

아니, 책을 생각을 하고 써야지, 어떻게 손이 쓴단 말이지?

이런 질문을 하면 당신은 이미 책쓰기의 본질을 잘 모르고 있다는 것이다. 이 말은 비단 나만 한 것이 아니다. 시중에 책쓰기 서적을 보면 나와 대동소이한 생각을 가진 작가들이 아주 많다.

왜 그럴까?

그것은 책쓰기의 본질적 속성에서 기인한다.

책을 한번 써 보라. 생각이 많아지기 시작하면 진도가 안 나간다. 생각이 책쓰기의 발목을 잡아 빠르게 글을 쓸 수 없다. 이런 방식이 계속되면 책 한 권 쓰기가 힘들어진다.

이 말이 맞나? 이런 문구는 빼는 것이 좋겠지, 이건 어법에도 맞지 않을 거 같은데, 이 생각이 사실일까?

이런 생각을 하는 순간 책쓰기는 어려워진다.

그냥 아무 생각 없이 손가락 움직이는 대로 써라. 그리고 잠시 덮어두고 쓴 글을 나중에 읽어 보라. 어떤 글을 썼는지.

고민해 쓴 글보다 손가락 가는 대로 쓰는 글이 훨씬 더 좋다. 고민해서 쓴 글은 그만큼 수정할 부분이 많다는 것을 뜻한다. 자연스러움이 예술을 만든다. 인위적인 수정을 가하려 하면 오히려 어색해진다. 어법이 틀려도 되고 정확한 숫자가 맞지 않아도 상관없다. 그냥 쓰는 거다. 아무 생각 없이!

고민해서 쓴다고 좋은 글이 나오지도 않는다.

왜일까?

내 그릇이 딱 거기까지이기 때문이다. 시험에서 모르는 문제가 나온다고 고민해서 해결될까? 그 시간에 다른 문제 푸는 것이 더 낫다. '한 번 봐서 모르는 문제는 모르는 것이다'라는 말도 있지 않은가?

놀랍게도 나의 이러한 생각을 거의 비슷하게 풀어낸 분이 계시다. 〈0초 공부법〉을 쓴 우쓰데 마사미씨. 이분은 이름에서 보듯이 일본인으로, 이 책을 읽고 나는 커다란 충격에 빠졌다. 내가 생각하던 공부 방식과 이분의 책에서 주장하는 공부 방식이 거의 흡사했기 때문이다. 나는 '나처럼 생각하는 분이 계셨구나' 하고 무척이나 기뻤다.

이 책에서 마사미 작가는 문제를 턱 보면 무조건반사식으로 답이 '탁!' 하고 나오게 공부해야 한다고 주장한다. 생각할 시간을 0초로 만들라고 하여 책 제목도 〈0초 공부법〉이다.

나도 인생을 살아오면서 정말 많은 시험을 치렀다. 그때마다 생각하는 것이 바로 문제를 보면 답이 바로 나오게 공부해야겠다는 것이었다. 심지어 객관식 문제의 경우 문제를 다 읽지 않아도 앞의 몇 단어만 봐도 뭘 물어볼지 예상을 하거나, 심지어 문제를 읽지 않고 객관식 답안(선택지)만 보고 문제를 유추할 수 있는 그런 능력이 필요하다. 이래야 시험에서 고득점을 맞거나 합격할 수 있다.

책도 마찬가지다.

그냥 쓰면 된다. 손이 가는 대로. 생각을 하면 진도가 안 나간다. 생각해서 느릿느릿 쓴다고 한들 책의 질이 좋아지는 것도 아니다. 그러면 어떻게 해야 하겠는가?

그냥 쓰면 된다.

그냥 손가락을 본능에 맡겨서 쓰면 된다.

그것이 책쓰기의 기본이자 초심자들이 명심해야 할 덕목이다.

10 첫 문장은 유치하게 써라

이건 나도 마찬가지다.

책쓰기 모드에 돌입하는 데 걸리는 시간.

이 시간이 많이 걸린다.

이건 정말 어쩔 수 없는 부분인 것 같다.

책상에 앉아도 바로 책이 써지지 않는 것이 보통 일반인들의 특징이다.

우쓰데 마사미의 〈0초 공부법〉에서 작가는 다음과 같이 이야기한다.

> 0초 공부법은 문제를 보고 답을 바로 알아내는 것도 의미하지만 자리에 앉자마자 바로 공부에 돌입할 수 있는 방법을 의미한다. 그 시간을 0초로 만들어라!
>
> 우쓰데 마사미, 〈0초 공부법〉

즉 공부에 본격적으로 돌입하기 전에 걸리는 시간을 최소화하자는 것이 핵심이다.

책쓰기도 마찬가지다.

책쓰기를 위해 컴퓨터를 켜고 자리에 앉는다. 커피 한잔 마시면서 오늘 책쓰기에 대해 생각한다. 그러다가 인터넷 접속을 한다. 신문 기사를 읽고 그러다 보니 화장실에 가고 싶다. 화장실 다녀와서 다시 컴퓨터에 앉는다. 이런 식으로 보내는 시간이 거의 한 시간이다.

이래서는 제대로 쓸 수 없다.

내가 주장하는 15분 책쓰기는 시간과의 싸움이다. 3페이지씩 15분 하루에 두 번 매일 써야 하기 때문에 이렇게 버리는 시간이 있어서는 곤란하다. 아무 생각 없이 바로 책쓰기 모드로 진입해야 한다.

그럼 이렇게 진입을 하려면 어떻게 해야 할까?

방법은 간단하다.

첫 문장을 유치하게 쓰면 된다.

첫 문장을 잘 쓰려고 하면 시작이 어려워진다. 그리고 첫 문장에 너무 힘을 주면 오히려 마이너스로 작용한다. 말도 안 되는 문장이더라도 일단 주제와 관련된 첫 문장을 써 보자. 유치해도 된다. 말이 안 되도 된다. 일단 쓰자.

그리고 나면 다음 문장이 실타래처럼 풀릴 것이다. 처음에 생각나지 않았던 문장이나 내용까지 모조리 풀어헤쳐 나온다. 책은 이렇게 쓰는 것이다.

우리는 시간이 많지 않다. 남는 시간에는 다른 일을 해야 한다. 책쓰기에 온전히 몰입할 수 있는 전업 작가를 대상으로 하는 말이 아니다. 우리처럼 직장을 다니거나 학생이거나 사업을 하는 사람들, 이런 사람들은 시간을 쪼개서 입체적으로 활용해야 한다.

이 말은 나 혼자만 하는 이야기가 아니다. 첫 문장을 유치하게 쓰라는 말은 책쓰기 도서에서 대부분의 작가들이 주장하는 내용이다. 나는 처음에 유치하게 쓰라는 내용을 보고 참 공감을 많이 했다. 그만큼 첫 문장이 힘들기 때문이다.

일단 시작해 놓으면 그다음에는 손이 저절로 움직인다. 내가 억지로 움직이려 하지 않아도 말이다! 이렇게 한 꼭지를 다 쓰고 다음 꼭지를 쓸 때도 팁이 있다. 다음 꼭지를 쓸 수 있게 컴퓨터 화면에 원고를 띄어 놓아라. 그리고 딴 짓을 해도 해라. 화장실에 다녀와도 파일을 새로 열지 않아도 된다. 언제나 그랬던 것처럼 쓰면 된다(여기에는 다분히 심리적인 이유가 있다).

난 이 방식을 자주 이용한다.

첫 문장이 도저히 나가지 않을 때 방법이 있다. 이때는 내가 어제 그제 쓴 문장을 한 번 읽어 보라. 이게 싫다면 잘 쓴 글을 한 번 타이핑해 봐라. 그러면 그것에 내가 동화된다. 그래서 바로 글쓰기를 시작할 수 있다.

사실 글쓰기에 바로 돌입하는 것은 개인마다 좀 성향이 다를 수 있다. 그래서 글쓰기에 바로 돌입할 수 있는 본인만의 노하우를 터득하는 것이 좋다.

글을 쓸 때 가장 아까운 시간이 온갖 고민 때문에 한 글자도 못나가며 보내는 시간이다.

시간이 없다. 멀리뛰기의 도움닫기라고 생각하고 바로 쓰자. 그게 책쓰기의 가장 좋은 습관이다.

11 문장력 키우는 최적의 길, 베껴 쓰기

책쓰기를 잘하기 위해서는 문장력이 필요하다. 문장력을 키우려면 잘 쓴 글을 베껴 쓰면 된다. 명문장을 꾸준히 베껴 쓰다 보면 어느새 자연스럽게 내 문장도 명문장이 된다. 이런 식으로 문장력을 키워나가면 된다.

〈최고의 글쓰기 연습법, 베껴쓰기〉의 저자 송숙희 작가는 글쓰기는 가르칠 수 없다고 한다. 즉 가르칠 수가 없으니 본인 스스로 터득해야 한다고 한다.

그럼 본인 스스로 터득하기 위해서는 어떻게 해야 할까?

간단하다.

잘 쓴 글을 꾸준히 베껴 쓰기 연습하는 것이다.

흔히 '글쓰기 능력이 타고난 것이다'라고 생각하지만 실상은 그렇지 않다. 글쓰기는 재능보다 훈련이 좌우하는 영역이다. 따라서 꾸준히 연습하다 보면 실력이 늘게 되어 있다.

지금 당장 신문 칼럼을 하나 정해 매일 베껴 쓰기 연습을 해 보라. 연습은 다음과 같은 방식을 추천한다.

1. 칼럼의 제목을 보고 어떤 내용인가를 미리 유추해 본다.
2. 칼럼을 분석해 가며 읽는다. 여기서 명문장은 형광펜 등으로 표시한다.
3. 칼럼을 덮고 보지 않은 채 똑같이 써 본다. 생각나는 대로 쓰면 된다. 처음에는 쉽지 않다.
4. 내가 기억해서 쓴 칼럼과 실제 칼럼을 비교해 본다. 그리고 내 칼럼을 수정한다(원 칼럼은 보지 않고!).
5. 최종적으로 수정한 칼럼을 원 칼럼과 비교해 본다.

위의 작업을 6개월만 매일같이 꾸준히 해 보라. 글쓰기 실력이 이미 신문 칼럼니스트와 같은 수준이 되어 있을 것이다.

사실 베껴 쓰기는 초기에는 실력이 느는지 변화상을 확실히 알 수가 없다. 하지만 꾸준히 하다 보면 자신도 모르게 실력이 늘게 됨을 본인 스스로 가장 먼저 느낀다. 그래서 베껴 쓰기는 문장력을 강화하는 가장 좋은 방법이다.

또 하나 좋은 방법은 요약하기다.

1,000자짜리 칼럼을 읽고 200자로 요약하는 것이다. 트위터가 보통 250자 안에 내용을 설명해야 한다. 따라서 트위터 글쓰기도 아주 좋다. 핵심을 요약하다 보면 글쓰기 실력이 놀랍도록 좋아진다. 단어 선택도 확실히 달라진다. 따라서 200자 요약하기를 매일 하는 것을 추천한다.

나는 글쓰기 전에 1,000자 베껴 쓰기를 하고 글쓰기를 마친 후 200자 요약하기를 하라고 권하고 싶다. 이 작업은 똑같은 칼럼으로 해도 되고 다른 칼럼으로 해도 무방하다. 베껴 쓰기를 하다 보면 내가 베끼는 건지 내 것을 다른 사람이 베낀 건지 구분이 안가는 물아일체의 경지에 이르게 된다.

이 경지야 말로 책쓰기를 위해 필요한 경지이다.

딱 한 번만 이 경지에 올라가면 된다!

그러면 쉽게 떨어지지 않는 것이 문장력이다!

12 하루에 두 꼭지만 써라

어떤 날은 책쓰기가 너무 잘 되는 날이 있고, 어떤 날은 정말 몇 글자 힘든 날도 있다. 그러면 잘 써지는 날은 많이 쓰고 안 되는 날은 쓰지 말아야 할까?

나는 과거에 이런 방식을 썼다.

소위 글빨(나는 '글발'보다 '글빨'이 더 좋다!)이 붙는 날엔 하루 종일 썼다. 그리고 글 쓰는 진도가 안 나갈 경우 아예 며칠이고 쓰지 않았다. 하지만 지금 생각해 보면 그 방식은 그다지 바람직하지 않은 것 같다.

글빨이 붙는 날에 쓴 글이 나중에 보면 형편없는 경우가 많았기 때문이다.

왜 이런 현상이 벌어졌을까?

너무 잘 된다고 무리해서 많이 쓰다 보면 질이 떨어지기 마련이다. 그래서 하루에 쓰는 양을 적절히 조절할 필요가 있다.

나는 하루에 두 꼭지만 쓸 것을 권한다. 페이지로 하면 한 꼭지가 2~3페이지이므로 대략 5~6장 정도 쓰면 된다(여기서 페이지는 책 판형 기준이다. 나는 책쓰기를 할 때 책 판형으로 미리 만들어놓고 작업을 한다. 책과 똑같이 해놓고 쓰면 분량도 적절히 조절할 수 있고 내 책이 당장이라도 출간될 것 같은 착각에 휩싸이게 된다. 나는 이런 느낌이 참 좋다).

하루에 2꼭지는 한 번에 써도 되고 하루에 2번 나누어 써도 된다. 시간에 여유가 있으면 나누어 쓰는 것이 좋지만 시간 내기가 쉽지 않으면 한 번에 다 쓸 것을 추천하고 싶다. 사실 15분에 한 꼭지 쓰기는 쉽지 않다. 그러나 나의 '아무 생각 없이 쓰기 이론'에 의하면 15분이면 정말 충분하다. 오히려 컨디션 좋은 날엔 시간이 남는다.

이 정도 분량이면 한 달이면 책 한 권이 완성이 된다. 내가 지금 쓰고 있는 이 책도 하루에 무조건 2꼭지 쓰기를 준수하여 한 달 만에 초고를 완성하였다. 더 쓰고 싶어도 참는다. 그러면 시간이 너무 남지 않는가? 이 시간을 어떻게 활용할까?

나는 2가지를 권한다.

첫째, 수장선고라는 말을 기억하며 내공을 쌓는 것에 몰두하라고 권하고 싶다.

가령 베껴 쓰기, 요약하기 연습 시간을 별도로 할애하고 독서나 영화(나는 구성이 독특한 영화를 보면 '이것을 내 책에 적용하면 어떨까?'라고 항상 생각한다)를 보는 시간을 갖는 것도 좋다. 이런 활동을 통해 다음에 출간할 책의 아이디어를 얻거나 작가로서의 내공을 쌓으면 된다.

둘째, 책쓰기를 동시 다발적으로 여러 권 시도하는 것도 좋다.

가령 3권의 책쓰기를 동시에 진행한다면 책 1권당 15분씩 2타임으로 3권이면 6타임이 된다. 그러면 하루에 총 1시간 30분 책쓰기를 하는 것이다. 만일 전업작가처럼 매일 매일을 온전히 하루 종일 책쓰기를 할 상황이라면 조금 무리해도 상관없을 것이지만 직장인이나 학생, 자영업자라면 너무 무리할 필요가 없다.

마지막으로 기존에 초고를 완성한 책을 퇴고하는 시간을 갖도록 하자.

나도 이미 써 놓은 초고가 꽤 많다. 이 중에서 출간 예정 순서대로 내 나름대로의 교정, 교열, 윤문을 한다. 이런 작업을 통해 조금 거칠었던 초고가 책처럼 변모하게 된다(물론 편집자들이 보면 웃을 것이다).

결론적으로 하루에 너무 많은 분량의 글을 쓰던 안 된다는 것이 나의 지론이다. 질이 떨어지고 금방 지친다. 먹는 것도 조금 아쉽게 먹는 것이 몸에 좋듯이 책도 조금 아쉽게 쓰는 것이 좋다. 그래야 양질의 좋은 책을 쓸 수 있다.

다시 말하지만 나는 한 달에 한 권 쓰기를 강력히 추천한다. 그러기 위해서는 하루에 2꼭지만 쓰면 된다. 더 이상 쓰는 것은 과욕이다. 옛말에 과유불급이란 말도 있지 않은가? 지나침은 언제나 모자람만 못하다. '절반은 전체보다 낫다'라는 헤시오도스의 격언도 여기에 적용될 수 있을 것이다.

13 생각날 때 기록해 두라

일상생활을 하는 중에 갑자기 좋은 생각이 떠오를 때가 있다. 그래서 '아 이 생각은 책쓰기에 반영을 해야지!'라고 생각한다. 그리고 시간이 지난다. 그러면 기억이 나지 않는다. 좋은 생각이 있었다는 것은 확실히 안다. 그러나 내용이 도통 기억이 안 난다.

누구나 이런 경험이 있을 것이다.

우리 기억은 휘발성이 있다. 그래서 기록해 놓지 않으면 금방 잊어먹는다. 그래서 필요한 것이 기록이다.

생각날 때 바로 기록하는 습관을 가져야 한다.

메모 습관!

이것이 내가 강조하는 것이다.

평소에 기록하는 습관을 항상 가져야 한다. 그러기 위해서는 메모가 항시 가능한 상태를 유지해야 한다.

나는 조그마한 수첩을 항상 휴대한다. 그래서 무슨 생각이 날 때마다 키워드 위주로 휘갈긴다. 글씨를 잘 쓰지 않아도 된다. 무슨 내용인지 기억을 떠올릴 수 있게 기록하면 된다. 그렇다고 너무 간단히 적어 놓으면 다음에 무슨 내용을 적은 건지 본인 스스로도 이해할 수 없는 경우가 있다. 따라서 적당히 요령껏 기억을 떠올릴 수 있을 수준으로 작성해야 한다.

여기서 유의할 것은 '좀 있다가 적어야지' 하는 생각이다.

좀 있으면 절대로 기억이 나지 않는다. 물론 잊어버리더라도 나중에 다시 기억이 날 수도 있지만 그렇지 않을 수도 있다. 그래서 생각이 날 때 바로 적는 것이 중요하다.

〈나는 이렇게 쓴다〉의 기시 유스케는 아이디어라는 '씨앗'을 줍는 것에 대해 다음과 같이 표현하고 있다.

> 지금까지의 경험을 돌이켜보면, 좋은 아이디어를 얻으려고 죽을 힘을 다해 노력할 때보다 머리를 비우고 반쯤 기계적으로 몸을 움직일 때 결과가 더 좋았다.
>
> 그것은 때로 산책을 하거나 욕실에서 샤워할 때이기도 했다. 물론 욕실 안까지 메모지를 갖고 들어가지는 않는다. 따라서 황급히 몸의 물기를 닦고 메모하러 가는 일이 종종 생겨난다.

> 아이디어는 한순간의 번뜩임처럼 갑자기 찾아온다. 아이디어가 떠오르면 재빨리 기록해야 한다. 나중에 메모할 요량으로 느긋하게 대처하면 대부분 어디론가 사라져 버린다. 아이디어는 망각과의 싸움이기도 하다.
>
> 기시 유스케, 〈나는 이렇게 쓴다〉

수첩이 없거나 수첩에 적을 상황이 아니라면 스마트폰을 이용하면 된다. 스마트폰에는 메모 어플이 상당히 많이 있다. 이런 어플을 이용하면 기록 유지에 도움이 된다. 녹음기를 이용해도 된다.

나는 개인적으로 스마트폰 기록보다는 수첩에 적는 게 더 효과적임을 느꼈다. 빠르고 손맛이 있기 때문이다. 책쓰기를 할 때는 컴퓨터를 이용하지만 아이디어를 모을 때는 수첩을 이용한다. 수첩도 너무 크면 휴대하기 힘들므로 시중에서 파는 수첩 중 가장 작은 사이즈를 활용한다.

우리 옛 말에 둔필승총(鈍筆勝聰)이라는 말이 있다.

이 말은 둔필의 기록이 총명한 기억보다 더 낫다는 의미이다. 기록의 중요성을 강조하는 말이다.

기획은 소소한 메모가 모여 완성되며 이 메모의 힘은 실로 막강하다. 아무리 천재라도 모든 것을 머릿속에 실시간으로 기억하고 있다가 한 번에 쏟아낼 수 없다. 최근 들어 메모의 위력을 서삼 느끼고 있다.

기록을 해 두면 잊어버릴 염려도 없을뿐더러(수첩 자체를 잃어버리면 곤란하다!) 나중에 더 좋은 아이디어를 떠오르게 하는 원천이 된다. 책쓰기를 기획하기 위해서는 이러한 아이디어 메모가 모여 브레인스토밍을 통해 배치되는 절차가 진행되어야 한다. 이때 필요한 것이 각종 메모다. 메모를 활용하여 목차를 잡는 데 쓰면 된다.

수적천석(水滴穿石)을 반드시 기억하라. 작은 물방울이라도 끊임없이 떨어지면 결국엔 돌에 구멍을 뚫는다는 말이다. 여기서 책쓰기를 구멍 뚫는 것에 비유해 보면 작은 물방울이 결국 아이디어가 될 수 있을 것이다. 이러한 아이디어는 기록의 힘에서 나온다. 따라서 기록하는 습관을 항상 갖도록 하자.

PART 6 어필하는 글쓰기 노하우

• 품격 있는 책쓰기를 위한 비법 •

01 스토리텔링 방식을 이용하라

〈아제아제 바라아제〉의 작가 한승원은 글쓰기에 대한 본인의 책 〈한승원의 글쓰기 교실〉에서 이런 말을 했다.

아무나 쓸 수 있는 글은 죽은 글이다.

한승원이 소설가이므로 소설에 빗대어 이야기했겠지만 소설 외의 책 쓰기도 마찬가지라고 생각한다.

즉 아무나 쓸 수 있는 글은 단순한 지식 전달을 위한 글, 그 이상도 그 이하도 아니다.

예를 들어볼까?

(학생 1)

동서 냉전의 영향으로 2차 세계대전 이후 남북이 갈리게 되었다. 그 후 교착 상태를 유지하다가 1950년 6월 25일 북한이 일제히 남침을 시도함으로 우리나라는 동족상잔의 비극인 6.25를 겪게 되었다. 53년 휴전 이후 남북이 갈라져 지금에 이르고 있다.

(학생 2)

우리 할아버지는 6.25때 여동생을 북에 두고 남으로 탈출하셨다. 그래서 할아버지는 6월 이맘때나 명절 때만 되시면 소주를 드시며 우셨다. 여동생을 북에 놓고 내려온 것이 못내 죄스러웠던 모양이다.

이 둘의 글을 비교해 보라.

학생들에게 남북 분단에 대한 글을 자유롭게 써 보라고 했더니 쓴 글이다.

처음 글은 남북 분단에 대한 역사적 사실만 밋밋하게 서술하고 있다. 이런 글은 단순히 사실을 전달한다는 측면에서는 의미가 있지만 독자 입장에서는 그다지 반가운 글이 아니다.

두 번째 글을 보면 육이오 전쟁을 할아버지의 개인적 사연에 근거해 쓰고 있다. 동생을 북에 두고 온 이산가족 할아버지가 일 년 중 일정 시기가 되면 소주를 마시며 우신다는 이야기. 이런 이야기에 독자들은 같이 눈물을 흘리고 공감한다. 이런 글이야 말로 살아있는 글이라고 한승원 작가는 말한다.

그러면 첫 번째 글과 두 번째 글의 차이는 무엇일까?

공감이 가는 글과 밋밋한 글의 차이는 도대체 무엇일까?

정답은 이야기 형식이냐 아니냐이다.

물론 여기에 솔직하고 진솔하게 공감대를 불러일으키는 스토리를 쓰느냐가 중요한 요소로 작용할 수 있다. 하지만 가장 큰 핵심은 스토리텔링이다. 마치 옆 사람에게 이야기하는 듯한 그런 스토리가 있는 이야기이다.

첫 번째 내용으로 강의를 하면 대부분 졸거나 딴 짓을 한다. 내용 자체가 재미가 없어서 흥미를 끌지 못하기 때문이다. 마치 다큐멘터리(다큐멘터리에 열광하는 마니아 분께 죄송하다!)와 액션 영화의 차이라고나 할까?

스토리텔링식 글은 따분하지 않고 재미가 있다. 그래서 독자들의 흥미를 불러일으킨다.

그래서 책쓰기 관련 책을 보면 죄다 '스토리텔링' 방식으로 글을 쓰라고 하고 있다. 이렇게 하지 않으면 아무도 책을 사보지 않기 때문이다.

도서관에서도 대여 횟수가 적은 책들은 서고로 집어넣은 다음 일정 시간이 지나면 파기해 버린다. 매일 수백 권의 책이 쏟아져 나오는 상황에서 독자에게 외면받는 책을 가지고 있을 필요가 없기 때문이다.

최근 책의 경향을 보면 크게 두 가지다.

첫째는 책 내용 중에 스토리텔링 방식의 이야기를 집어넣는 형태다. 중간중간 이야기를 삽입해 재미를 더하는 방식이다.

둘째는 아예 마치 영화나 드라마처럼 스토리텔링 방식의 플롯을 설정하고 이야기를 시작한다. 마치 경매에 관한 책에서 주인공 두 명을 등장시켜 이야기 형식으로 내용을 풀어나가는 것이다. 최근에 유행했던 〈OO 천재가 된 홍대리〉 시리즈가 이러한 유형의 책이다.

스토리텔링식 책이 아니면 이제 발붙일 곳이 없다. 전문 서적이나 전공 서적, 기술 서적이야 이런 식으로 쓸 수 없겠지만 일반 서적들은 반드시 스토리텔링식 이야기가 필요하다는 점을 명심하도록 하자.

02 한 꼭지에 하나씩만 전달하라

잘 쓴 글이란 무엇일까?

문장이 화려하거나 미려한 글이 아니다.

잘 쓴 글은 단순한 글이다. 단순한 글은 술술 잘 읽힌다. 그리고 이해하기도 쉽다. 문장을 읽을 때 어색함이 느껴지지 않고 부드럽게 흐름에 따라 가는 글. 이런 글이 바로 좋은 글이다. 글을 읽을 때 뭔가 어색하다면 그 글은 좋은 글이 아니다.

초고를 완성하고 출판사에 투고를 하면 출판사는 어색한 문장을 수정하는 작업을 한다. 이것을 윤문 작업이라고 한다. 윤문 작업을 하는 이유는 작가들(특히 초보자!) 대다수가 다음 중 하나의 오류를 범하기 때문이다.

첫째, 주어와 술어가 어울리지 않는다.

둘째, 문장에 불필요한 말을 많이 삽입한다.

셋째, 단어 선택이 올바르지 않다.

넷째, 문장이 너무 길다.

다섯째, 꾸미는 말이 많다.

여섯째, 부사를 많이 사용한다.

일곱째, 중복 단어나 문장이 많다.

나는 위의 일곱 가지 오류보다 더 중요한 것을 이야기하고자 한다. 그것이 바로 '한 꼭지에는 하나만 이야기하라'는 것이다. 가령 꼭지 제목이 '스토리텔링 방식으로 글을 써라'라고 해 보자. 그러면 내용은 스토리텔링에 관한 내용을 적고 스토리텔링 방식으로 쓸 것만 주문하고 끝내야 한다. 분량이 적다고 이상한 이야기를 붙이기 시작하면 글이 산으로 간다. 스토리가 어색하게 전개된다. 따라서 한 꼭지에 한 가지 메시지만 던져야 한다.

책 한 권에 보통 30~50개의 꼭지가 있다고 하면 저자가 말하고자 하는 이야기가 결국 30~50개인 셈이다. 이것들을 주제별로 그룹으로 묶으면 목차가 된다.

물론 꼭지를 다 쓰고 나서 목차를 잡지는 않는다. 목차에 들어갈 꼭지들을 70~80% 정도 정해 놓은 상태에서 글쓰기를 시작해야 한다. 이렇게 하면 글쓰기 도중에 나머지 20~30% 꼭지가 생각난다.

목차 구성에 있어서 꼭지의 역할은 아주 중요하다. 시중에 출간된 책의 목차를 유심히 살펴보라. 크게 3가지 방식이다.

1부
과학자에게 왜 책쓰기가 필요할까?　　　　　　대목차
1. 책이 있는 과학자 vs 책이 없는 과학자　　　1. 소목차(꼭지)
2. 과학자의 책은 강연을 부른다.　　　　　　 2. 소목차(꼭지)
3. 100권 읽기 vs 한 권 쓰기　　　　　　　　　3. 소목차(꼭지)
4. 어떤 과학자가 책을 쓰는가?　　　　　　　 4. 소목차(꼭지)

첫 번째 방식은 소목차가 그대로 꼭지가 되는 방식이다. 즉 4개에서 8개 정도의 대목차를 잡고 대목차 안에 많은 수의 소목차가 들어간다고 보면 된다. 이럴 경우 소목차가 꼭지이므로 소목차에 하나의 메시지를 담으면 된다. 페이지도 보통 2~4페이지 정도 된다. 이 책도 이와 같은 방식을 취하고 있다.

1부
과학자에게 왜 책쓰기가 필요할까?　　　　　　대목차
1. 책이 있는 과학자 vs 책이 없는 과학자　　　1. 소목차
　- 책이 있으면 무엇이 좋을까?　　　　　　　　(꼭지)
　- 과학자에게 책이 필요한 이유　　　　　　　 (꼭지)
2. 과학자의 책은 강연을 부른다.　　　　　　 2. 소목차
　- 몸값은 책이 결정한다　　　　　　　　　　　(꼭지)
　- 책과 강연은 필수불가결 관계　　　　　　　 (꼭지)

두 번째 방식은 소목차 안에 꼭지를 두는 방식이다. 내 두 번째 책을 이런 방식으로 썼다. 즉 대목차 안에 소목차를 보통 10개 이하로 두고 소목차 안에 꼭지를 2~3개 정도 두는 것이다.

세 번째 방식은 꼭지만으로 목차를 잡는 것이다. 최근에 이런 종류의 책이 많이 등장하고 있다. 대목차, 소목차 없이 꼭지만 수십 개로 구성된 책이다.

어떤 방식을 사용해도 상관없다. 중요한 것은 한 꼭지에서 한 가지 이야기만 해야 한다는 점이다. 이렇게 해야 독자들이 읽기 편하고 글에도 일관성이 생긴다. 책쓰기를 하다 보면 당연히 깨닫겠지만 이런 기본조차도 간과하는 경우가 많다.

03 짧고 간결하게 써라

단순함 속에서 명품이 탄생한다.

유명한 명곡들은 코드가 보통 3개로 구성되어 있다. 단순함 안에서 편안함이 나온다. 어려워지고 길어지면 좋은 작품이 나오기 쉽지 않다.

이게 글쓰기의 기본이다.

글쓰기는 짧고 간결해야 한다. 일단 긴 글은 무슨 말하는지 알 수 없다. 이해하기 힘들다. 이런 글은 좋은 글이 아니다.

〈글이 돈이 되는 기적〉을 쓴 이성주 작가는 좋은 글에 대해 이렇게 이야기한다.

> 미사여구가 많다고 좋은 글이 아니라는 사실을 꼭 전하고 싶다. 과도한 조사와 부사의 사용은 MSG의 바다에 헤엄치는 갈비의 맛일 뿐이다. 진짜 좋은 글은 쉽고 단순하다. 콕 찍어 말하자면, 조사와 부사의 사용을 최대한 자제한 글이다.
>
> 이성주, 〈글이 돈이 되는 기적〉

글이란 것이 결국 메시지를 전달하는 것이다. 그러기 위해서는 짧게 쓰는 것이 정답이다. 그래야 전달이 잘 된다.

나는 대학 전공이 법학이다. 법학을 공부하면서 느꼈던 가장 놀랐던 것이 판결문은 문장을 아주 길게 쓴다는 것이다. 그래서 판결문을 보면 정말이지 이해하기가 쉽지 않다. 학창 시절 학우들끼리는 판사가 아무도 못 알아보게 일부러 이렇게 쓴다는 말까지 돌았다. 그만큼 판결문을 보면 길게 쓴다. 물론 지금은 많이 짧아지기는 했지만 예전에는 정말 긴 판결문이 많았다.

수년 전에 민사소송 대법원 판결문의 한 문장 글자 수가 2,547자나 되어 화제가 된 적이 있었다. 이런 판결문은 변호사 외에는 읽어도 결론이 뭔지 알 수가 없다. 이겼다는 건지 졌다는 건지 어쩌자는 건지 문장이 너무 기니 숨넘어가기 일쑤다.

일전에 글쓰기 특강을 갔다가 강사님께 들은 말이 아직도 머리에 남는다.

한 문장에는 한 가지 주제만 넣어라.
One Sentence One Topic!!

처음 글을 쓰는 사람들은 대체로 문장을 길게 쓰는 특징이 있다. 하고 싶은 이야기를 쪼갤 생각은 하지 않고 그대로 쓰려고 하기 때문이다. 할 말을 한 번에 하겠다는 강박관념에서 나오는 행동이다.

하지만 이렇게 한다고 해서 메시지가 완벽하게 전달되는 것은 아니다. 오히려 방해가 된다. 독자는 도대체 작가가 무엇을 이야기하는지 알기 어려워진다.

우리가 글을 쓰는 이유를 생각해 보라.

내가 전하고자 하는 메시지를 정확히 전달해야 한다. 그래서 짧게 쓰라는 것이다!

조성일 작가의 〈나의 인생 이야기 자서전 쓰기〉에서 좋은 예를 들고 있다.

내가 밥을 허겁지겁 먹고 집을 나선 것은 늦잠을 자서 시간이 없었기 때문이었다.

이 문장이 어떻게 읽히는가? 좀 어색하다.

일단 내용이 4개다.

1. 밥을 허겁지겁 먹었다.

2. 집을 나섰다.

3. 늦잠을 잤다.

4. 시간이 없었다.

문장이 너무 길고 메시지도 너무 많다.
해결책은?
문장을 쪼개고 한 문장에 한 이야기만 해야 한다.

늦잠을 잤다. (지체할) 시간이 없었다. 그래서 밥을 허겁지겁 먹을 수밖에 없었다. 결국 할 수 없이 택시를 탔다.

이렇게 쓰면 읽기도 편하고 전달하고자 하는 메시지를 확실히 전달할 수 있다.

나는 책쓰기를 할 때 철칙처럼 지키려고 하는 것이 있다. 바로 2줄 이상 한 문장을 쓰지 말자는 것이다. 그래서 문장을 가급적 쪼개려고 한다. 그래서 가장 지양하는 것이 '~~~~~이었는데, ~~~이다.'이다. '이었는데'를 아주 싫어해서 다음과 같이 바꾼다.

'~~~이었다. 그런데, ~~~~이다.'

이렇게 하면 문장도 짧아지고 읽기도 쉬워진다.

〈누구를 위하여 종을 울리나〉를 쓴 미국의 노벨문학상 수상 작가인 어니스트 헤밍웨이는 1917년 가을 〈캔사스시티 스타〉라는 신문사에 입사한다. 그 신문사는 신입 기자를 잘 훈련시키기로 정평이 나 있었다. 신문사는 기사를 쓰는 데 몇 가지 '주의 사항'을 만들어 놓고 신입 기자들에게 그것을 지키도록 강요했다. 그것들은 다음과 같다.

1. 짧은 문장을 쓸 것
2. 적극적인 힘 있는 문장을 쓸 것
3. 낡은 속어(俗語)를 쓰지 말고 신선한 숙어(熟語)를 쓸 것
4. 형용사를 가급적 쓰지 말 것
   특히, splendid, gorgeous, grand, magnificent
   (모두 '훌륭한'이란 의미임)

이런 주의 사항은 모두 훗날 헤밍웨이 문장의 특징을 이룬 것들이다. 이 무렵 헤밍웨이가 이미 자기의 문체를 확고히 굳혔다고 할 수 없으나 이 신문사가 그의 문장 수업에 결정적인 영향을 준 것만은 틀림없다.

04 꾸미지 말고 솔직하게 써라

제발 솔직하게 써라! 절대로 독자를 속이지 마라!

독자들은 귀신같이 안다.

책쓰기는 독자와 대화를 하는 것이다. 그래서 책쓰기는 일반적인 글쓰기와는 완전히 다르다.

가령 매일 일기를 쓴다고 생각해 보자.

일기는 누가 읽으라고 쓰는 것이 아니다. 본인을 위해서 쓰는 것이다. 따라서 일기쓰기는 자기중심적 글쓰기라고 할 수 있다.

하지만 책쓰기는 완전히 다르다. 독자를 염두에 두어야 한다. 독자들에게 읽히기 위해 쓰는 것이 책쓰기이기 때문이다. 따라서 책쓰기는 독자 중심이고 글쓰기는 자기 중심이다.

책쓰기를 잘하기 위해서는 독자를 유혹할 줄 알아야 한다. 그래야 독자들이 책을 읽으면서 '그래 이 책이 내가 원하던 책이야'라고 생각하게 된다. 입소문이 나면서 내 책이 더 많이 팔린다.

이런 책을 쓰기 위해서는 마치 연애할 때처럼 상대방을 매혹시켜야 한다. 그러기 위해서는 상대방에게 나의 좋은 점 및 장점, 매력을 보여주어야 한다. 이게 바로 책쓰기의 기본적인 원리다.

그럼 독자를 소위 '꼬시기' 위해서는 어떻게 해야 할까?

독자를 유혹하기 위한 최선은 무엇일까?

나는 꾸미지 말고 솔직하게 쓰라고 권하고 싶다.

이제 독자들의 수준이 아주 높다. 엔간한 이야기로는 독자들이 믿지 않는다. 믿으려고 노력하지도 않는다. 독자들을 믿게 하려면 독자들이 의심을 품지 않게 해야 한다. 즉 경계심을 없애고 무장해제를 시켜야 한다.

독자들은 솔직한 작가의 말에 관심을 가진다. 사람이 너무 솔직해지면 듣는 상대방은 그 사람을 보호하고 싶은 일종의 보호 심리가 생긴다. 이런 심리를 적절히 이용하는 거다.

또한 독자들은 자신의 생각을 작가가 대신 이야기해 주기를 바란다. 그래서 자기 생각을 그대로 적어놓은 작가의 글을 아주 좋아한다. 감정이입이 될 수 있기 때문이다. 나도 책을 고르다가 내가 원했던 이야기가 있으면 바로 구매한다.

최근의 출판 트렌드를 보면 힐링과 치유, 공감이다.

2018년 베스트셀러인 〈멈추면 비로소 보이는 것들〉(혜민 스님), 〈82년생 김지영〉(조남주 작가), 〈아프니까 청춘이다〉(김난도 교수)를 보라. 모두 그러한 주제이다. 이러한 책을 읽어 보면 우리 누구나 겪거나 겪을 수 있는 혹은 생각할 수 있는 것들을 솔직하게 표현해 내고 있다. 이런 부류의 책이 독자들의 공감을 얻는 것이다.

유의할 사항도 있다.

너무 솔직하게 쓴다고 우울한 이야기의 나열, 지나친 자랑, 부정적인 이야기가 있으면 안 된다. 차라리 우울한 이야기를 하더라도 잠깐 언급하고 '나는 이것을 이렇게 극복했다'는 비전을 제시해야 한다. 우울한 책에는 선뜻 손이 나가지 않는 것이 우리 인간의 마음이다.

자기 자랑하는 글을 쓰더라도 자랑에만 그치는 것이 아니라 성공담에서 배울 점을 부각하고 독자들도 해낼 수 있다고 독려하는 스토리를 전개해야 한다.

부정적 이야기를 하더라도 최소화하고 극복 방법을 안내하고 밝은 분위기로의 빠른 전환이 필요하다. 결국 책쓰기는 책의 내용을 통해 독자가 얻어갈 수 있는 무언가를 제시해야 한다. 그래야 책에 손이 가고 지갑을 열게 할 수 있다. 이러기 위해서는 역시 꾸미지 말고 솔직하게 책쓰기를 해야 한다.

05 잘 읽히는 글이란?

잘 읽히는 글이란 어떤 글일까?

우리 이런 상상을 해 보자.

내가 책을 출간한다. 책이 서점 서가에 꽂힌다. 한 독자가 내 책을 산다. 그러면 그 독자는 그 책을 몇 번 읽을까?

만일 그 책이 수험서라면 반복이 중요하니 여러 번 읽을 것이다. 성적이 잘 나와야 하니까.

그럼 소설이라면?

아주 훌륭한 소설이 아니라면 아마 한 번 읽는 것으로 끝날 것이다. 보통 자기계발서처럼 일반 서적은 두 번 읽지 않는다.

이 말이 의미하는 것이 무엇일까?

우리가 책을 쓸 때 독자는 한 번만 읽는다고 생각해야 한다. 독자들은 시간이 많지 않다. 읽을 책이 너무 많다. 내 책만 읽는 것이 아니다. 따라서 독자를 한 번만에 설득시켜야 한다. 그러기 위해서는 글을 매끄럽게 써야 한다.

앞서, 책은 독자들에게 메시지를 전달하는 것이라고 했다. 따라서 메시지를 어떻게 하면 잘 전달할 수 있을 것인가를 작가들은 항상 고민해야 한다. 나는 잘 읽히는 글은 '쉽게 읽히는 글'이라고 생각한다. 어려우면 쉽게 읽히지 않는다. 우리나라 사람들은 너무 술술 읽히는 책을 대하면 그 책을 쓴 작가의 역량이 없다고 생각하는 경향이 있다. 하지만 이것은 잘못된 생각이다. 아주 쉽게 써도 전달하는 메시지가 확실하면 어렵게 쓰는 것보다 백배 낫다.

그럼 쉽게 읽히기 위해서는 어떻게 해야 할까?

어색함이 없어야 한다. 읽다가 어색하면 도중에 맥이 끊겨버린다. 따라서 어색함 없이 문장이나 내용의 흐름이 무난해야 한다. 특이한 문장이나 단어를 쓰지 말고 무난한 단어를 선택해 매끄럽게 이야기를 전개해 나가야 한다.

여기에 하나 더 필요한 것은 재미있게 써야 한다. 딱딱한 이론만 설명하면 읽는 도중에 딴 생각을 한다.

'이 책, 너무 따분하다. 접고 싶은데?'

따라서 조금 재미있게 쓰도록 노력해야 한다.

'밥 먹는 것도, 잠자는 것도 잊고 단숨에 읽었다!'
작가에게 최고의 찬사이다.
독자의 긴장감을 시종일관 유지시키고!
보조장치를 효과적으로 작동하는 동시에!
메인 엔진에 불을 붙여 끝까지 단숨에 읽게 하는 것!

기시 유스케, 〈나는 이렇게 쓴다〉

그럼 조금 재미있게 읽히기 위해서 어떻게 해야 할까?

책에는 타인의 눈을 사로잡을 수 있는 스토리가 있어야 한다. 앞에서도 스토리텔링의 중요성을 강조한 적이 있다. 독자들은 이야기를 좋아하지 내용의 전달을 중요하게 생각하지 않는다. 이야기에 내용 전달까지 녹여내야 독자를 사로잡을 수 있다.

잘 읽히는 글은 무난하게 읽히는 글이다. 문장에서도 주어 동사가 어울려야 하고 어려운 단어를 쓰지 말아야 한다. 가령 '사활적 이익'이란 단어를 쓰면 '사활적'이란 말이 자주 쓰이는 말이 아니므로 독자들은 책을 읽다가 멈칫하게 된다. 따라서 '사활적'이란 말보다는 '아주 중요한'이라던가 '죽느냐 사느냐 하는 문제'로 바꿔 쓰는 것이 좋다.

가장 중요한 것은 독자가 처음 책을 집어 들었을 때 멈추지 않고 쭉 읽어볼 수 있는 내용으로 부드럽게 써야 한다는 것이다(말이 쉽다!).

06 명문장은 단순함에서 시작했다

책쓰기를 할 때 작가를 가장 힘들게 만드는 것이 명문장을 써야 한다는 강박관념이다. 나는 이러한 강박관념이 작가의 성장에 결정적인 방해물이라고 본다.

사실 명문장은 의외로 단순하다. 일전에 〈크레이지 리틀 씽 콜드 러브〉라는 퀸의 명곡에 대한 기사를 본 적이 있다. 여기서 퀸의 리드보컬인 프레디 머큐리가 이런 말을 했다.

이 노래는 제가 우연히 샤워하다가 떠오른 악상을 기타를 꺼내 들고 5분 만에 작곡한 곡입니다. 몇 개의 코드를 알고 기타를 하나도 못 치는데요, 그렇게 제한적인 게 좋을 때도 있는 것 같아요. 작은 프레임 안에서 곡을 써야 하니까 좋은 훈련이 되기도 했고요.

많은 코드를 알았다면 좋은 곡을 쓰지 못했을 거에요. 그 제한적인 것 때문에 좋은 곡을 썼다고 생각해요.

프레디 머큐리의 이 말에서 좋은 글의 의미를 함축해서 표현하고 있다. 때로는 작은 프레임 안에서 작게 움직이는 것이 명문장을 만들어낸다. 인위적으로 아는 지식을 총동원하려고 해서 만들어지는 것이 아니다.

명문장은 어깨에 힘을 빼고 부담감을 내려놓고 솔직해질 때 자연스럽게 나온다. 그래서 명문장을 써 놓고도 그게 명문장인지 잘 모른다. 명문장은 주변에서 알아줘야 한다.

명문장의 예를 들어보자. 내가 생각하기에는 이런 문장들이 진정한 명문장이다.

대나무는 곧아도 기둥으로 쓸 수가 없다고 전하시게.

이 말은 드라마 〈추노〉에 나오는 대사이다. 세상일에 융통성 있게 대응하라는 말을 아주 멋지게 표현하고 있다. 이 말을 '둥글둥글하게 현실에 순응하면서 사시게'로 이야기했다면 어땠을까? 아무래도 느낌이 반감되었을 것이다.

이 문장과 함께 또 내가 좋아하는 문장은 니콜라이 네크라소프의 말이다.

슬픔도 노여움도 없이 살아가는 자는 조국을 사랑하고 있지 않다.

이 말은 유시민의 옥중항소이유서에 마지막에 기재되어 많이 회자된 말이다. 유시민의 옥중항소이유서도 매우 명문장이므로 한번 읽어볼 것을 권한다.

그럼 명문장의 정의란 무엇일까?

명문장은 멋진 문장, 화려한 문장, 아름다운 문장, 기교가 충만한 그런 문장이 아니다. 명문장은 그야 말로 불멸의 문장이다. 시간과 공간을 초월하여 모두에게 추앙받는 문장이다.

잠시 눈을 즐겁게 하거나 아름다운 미사여구로 장식된 문장은 사람들을 즐겁게 하는 문장이다. 하지만 이러한 문장은 오래가지 못한다. 명문장은 마치 영혼불멸의 생명체와 같다. 따라서 오랜 세월을 이겨내는 힘을 가지고 있다.

그럼 이러한 문장들의 공통점은 무엇일까?

〈명문장의 조건〉을 쓴 김성우 작가는 명문장에 대해 이렇게 설명하고 있다.

명문장은 정확한 문장, 간결한 문장이다.

〈책쓰기 혁명〉의 저자 김병완은 명문장의 조건을 다음 세 가지로 말하고 있다.

Clear : 명료하게 분명하게

Correct : 정확하게, 올바르게

Concise : 간결하게, 짧게

위 내용을 종합해 보면 다들 비슷한 생각을 가지고 있다.

문장을 쉽고 분명하게 쓰라는 것이다.

나는 이 말에 절대 공감한다. 이 말은 책쓰기 전반에 걸쳐 아주 중요한 말이다.

07 글이 안 써질 때 글 쓰는 방법

 글쓰기가 안 될 때 어떻게 해야 할까? 나도 이럴 때가 많다. 과거에는 글쓰기가 안 되는 날에는 그냥 쉬었다. 마른 오징어도 쥐어짜면 물이 나온다고 하지만 난 도저히 할 수가 없었다. 흙탕물도 시간이 지나면 맑아지듯이 내 마음도 시간이 지나면 맑아지리라 생각하고 그냥 쉬었다.
 하지만 이러면 진도가 잘 안 나간다. 책쓰기가 하염없이 길어진다. 따라서 글쓰기가 안 되는 날도 써야 한다!
 혹자들은 이러한 상황을 '글쓰기 + 슬럼프 = 글럼프'라고 부른다.
 〈노인과 바다〉를 쓴 어니스트 헤밍웨이도 '모든 문서의 초안은 끔찍하다, 글은 죽치고 앉아서 쓰는 수밖에 없다'고 말했다. 책쓰기는 일단 엉덩이로 하는 것이라는 말이다. 노벨문학상을 탄 위대한 작가도 똑같다.

억지로 쓰다 보면 잃는 것이 있다. 억지로 쓰다 보면 무리수를 둔다. 그래서 글이 삼천포로 빠질 수 있다. 이럴 바에는 안 쓰는 게 정답이 아닐까? 또한 글쓰기는 즐거워야 한다. 써지지 않는 상황에서 억지로 쓰다 보면 글쓰기 자체가 노동이 되어 버린다. 이러면 글쓰기의 즐거움이 없어지지 않을까?

그래서 나는 다음의 방법을 추천한다.

우선 글쓰기가 안 되면 조금 쉬는 것을 추천한다. 그렇다고 하루 종일 쉴 수는 없고 잠깐 나가서 바람을 쐬고 오면 된다. 시간은 한 시간 이내로 추천한다. 바람을 쐬고 오면 아무래도 들뜬 마음이 정리되어 책쓰기 모드로 돌입할 수 있다. 그리고 돌아온 후 예정된 글쓰기를 진행하면 된다.

만일 이래도 안 될 경우 방법을 바꾸자.

우선 기존에 쓰던 글은 접고 다른 글을 쓰는 거다. 나는 동시에 여러 개의 원고 작업을 한다. 물론 퇴고는 제외하고 말이다. 왜 이렇게 할까? 바로 15분 책쓰기를 하기 때문이다. 하루에 2꼭지 이상 쓰지 않으므로 30분 만에 하루 책쓰기 분량이 끝나버린다. 따라서 여러 개의 작업을 동시에 한다.

만일 이것도 여의치 않다면 책쓰기는 멈추고 읽는 것을 택한다. 읽는 것은 단순히 책을 읽는 것뿐만 아니라 각종 동영상 자료 등도 인터넷에서 찾아본다. 이런 식으로 글감을 모은다. 글쓰기 재료는 모을수록 글이 풍성해지므로 최대한 많이 모으는 것이 좋다.

그럼에도 불구하고 원고 마감일 등의 사유로 억지로라도 써야 한다면 어떻게 할까? 내가 추천하는 방식은 바로 이것이다.

첫째, 일단 잘 쓴 작가의 글(같은 분야의 글이면 더욱 좋음)을 1, 2페이지 정도 현재 쓰고 있는 원고 앞에 타이핑을 한다.

둘째, 작가의 글을 느끼며 글쓰기의 감을 잡는다. 잘 쓴 사람 흉내만 내도 좋은 글이 된다.

셋째, 작가의 글을 베끼는 것을 마무리하면서 동시에 내 글로 진입한다. 마치 아무 일 없었던 양 줄줄 흐름을 타면 된다.

이런 식으로 글쓰기를 하다 보면 자신도 모르게 글쓰기 모드로 변경된 나 자신을 볼 수 있다.

08 좋은 문장을 쓰는 법

누군가 나에게 책쓰기에 대한 5가지 팁을 알려달라고 한다면 나는 다음 5가지를 이야기할 것이다.

1. 쉽게 쓰기
2. 짧게 쓰기
3. 단순하게 쓰기
4. 재미있게 쓰기
5. 스토리텔링으로 쓰기(이야기 방식)

이외에도 중요한 것이 있다. 문장법이다. 일명 작법이라고도 한다. 책쓰기 초심자들이 가장 간과하는 것이다.

그중 대표적 사례를 알아보겠다.

첫째, 중복을 피해야 한다. 특히 중요한 것이 단어의 반복이다.

우리가 학교 때 배운 '역전 앞'은 양호하다. 나는 오히려 별 문제가 없다고 본다. 역전이라는 단어에 앞이라는 뜻의 '전'이 포함되어 있다고 해도 별 문제 없다. 이해하는 데 전혀 문제가 없고 오히려 쉽다. 마치 자장면이 표준말이지만 짜장면이 더 편한 것과 마찬가지다(자장면을 짜장면으로 표준말을 변경하자! 강력히 주장한다!).

사회적으로 널리 통용되는 말을 표준말로 하는 것이 더 좋지 않는가 하는 생각이다.

다음과 같은 말은 명백히 중복이다.

나는 거기서 모든 것을 되돌려야 한다는 것을 느꼈다. 모든 것을 되돌리기 위해 무슨 노력을 할까 고민했다.

이 문장은 '모든 것을 되돌린다'라는 문장이 2개 중복되어 있다. 이렇게 중복된 문장은 좋지 않다. 어색하다. 따라서 이렇게 바꾸는 것이 좋다.

나는 거기서 모든 것을 되돌려야 한다는 것을 느꼈다. 그러기 위해 무슨 노력을 할까 고민했다.

또한, 단어의 중복도 좋지 않다.

가령 '새로 들어온 신입생'이라던가 '남은 여생', '죽은 시체'와 같은 말을 들 수 있다. 신입이 새로 들어왔다는 말인데 '새로 들어온'을 굳이 더

할 필요가 없다. 여생의 '여'도 '남을 여'로 남은 인생이니 그냥 '여생'으로 쓰면 된다. 시체가 죽은 것을 전제로 하므로 '죽은 시체'라고 할 필요가 없다. 그냥 '시체'로 쓰는 것이 좋다.

둘째, 문장에 쓸데없는 여구를 넣지 말자.

가령 '공부는 중요한 것이다.'처럼 '~~~한 것이다'를 초심자들은 매우 자주 쓴다. 본인의 말에서 입에 붙어서 글로 표현된다. 따라서 이렇게 바꾸어야 한다.

공부는 중요한 것이다.
⇨ 공부는 중요하다.

셋째, 문장은 수동보다 능동으로 써야 어색하지 않다.

가령, '공부 시간을 갖게 할 필요가 있다'는 수동형으로 매우 어색하다. 이렇게 바꾸면 좋다. '공부를 할 필요가 있다'. 능동형이 아무래도 수동형보다 어색하지 않다.

넷째, 문장은 최대한 짧게 써야 한다.

초심자들이 가장 실수하는 것이 '~ 하지 않을 수 없다'이다. 가령 '주진모는 미남이라 하지 않을 수 없다'. 이렇게 표현해서는 안 된다. 뭔가 어색하다. 따라서 '주진모는 미남이다'. 이렇게 쓰자. 퇴고 시 본 사항을 유의해 문장을 다듬어야 한다.

다섯째, 단어를 적절하게 사용해야 한다.

가령 '교수님이 초안을 크게 수정했다'라는 표현을 보자. '수정하다'에 '크게'란 단어를 써도 무방하기는 하다. 하지만 잘 어울리지 않는다. 따라서 '크게'보다는 '대폭'이라는 단어를 쓰는 것이 어울린다.

교수님이 초안을 대폭 수정했다.

보다 더 어울리지 않는가?

이러한 문장력은 의식적으로 노력하지 않으면 잘 안 된다. 살아오면서 습관이 붙어서 고치기 쉽지 않다. 하지만 노력하면 안 될 일도 없다. 열심히 노력하는 수밖에!

09 무조건 써라

 누군가 나에게 '책을 쓰려면 어떻게 해야 할까요?' 하고 묻는다면 내 대답은 이것이다.
 '닥치고 써라'(나는 '무조건 써라'보다 이 말이 더 좋다).
 실제 많은 책쓰기나 글쓰기 책을 보면 '무조건 써라'라는 말이 모두 있다. 찾아보라. 귀신같이 맞다. 왜 그럴까?
 책쓰기 초기에는 나도 이 말의 뜻을 이해하지 못했다. 하지만 지금 생각해 보면 구구절절 맞는 말이다.
 시작이 어렵지 일단 쓰기 시작하면 그다음부터는 저절로 해결된다. 나도 모르게 글쓰기에 몰입하는 나 자신을 보게 된다. 그리고 조금 지나 보면 한 꼭지의 글이 완성되어 있다.

예전에 TV에서 스카이다이빙 강사가 한 말이 기억난다. '일단 창공에 몸을 던져라. 그리고 중력에 몸을 맡겨라. 그러면 저절로 하늘을 날게 될 것이다!'. 책쓰기도 마찬가지다. 일단 모니터 한 귀퉁이에서 앞으로 나아가지 못하는 커서를 힘차게 밀고 나가자. 한 글자 적기 시작하면 쭉 미끄러지듯이 앞으로 나아갈 수 있다.

사실 책 판형(신국판 혹은 46배판)으로 2~3페이지 쓰는 것은 그렇게 어려운 일이 아니다. 몇 마디 적다 보면 금방 2~3페이지 분량이 채워진다. 이런 꼭지가 40~50개 되면 책 한 권 분량이 된다. 그렇게 책은 완성된다. 따라서 너무 부담감을 가질 필요도 없다. 그냥 쓰면 된다.

나는 개인적으로 책 한 권의 최소 분량을 200페이지(이 분량을 쓰려면 초고는 160페이지 정도 쓰면 된다. 퇴고 중 분량은 늘어나게 마련이다), 최대는 300페이지 정도로 본다. 그리고 적정 분량은 240페이지 정도로 생각한다. 따라서 초고를 200페이지 정도 써야 한다. 책을 내려면 최소한 240페이지 정도 분량은 되어야 독자들에 대한 예의가 아닐까?

책이 240페이지라고 하면 이것저것 빼면 실제 내용은 200페이지 정도 된다. 3페이지를 한 꼭지로 보면 60개 정도의 꼭지가 필요하다. 하지만 쓰다 보면 3페이지를 넘어가는 꼭지도 꽤 있으므로 보통 40~50개의 꼭지면 충분하다.

이걸 전체로 보면 '언제 다 쓰나?'라는 생각을 하게 된다. 따라서 한 번에 다 쓰려고 하면 진행이 어려워진다. 하지만 하루 분량, 즉 두 꼭지만 쓰겠다는 생각을 가지면 한 달이면 책 한 권이 뚝딱 완성된다. 이 책도 그렇게 썼다!

그냥 써라! 아닥하고!

퇴고는 나중에 하면 된다.

머릿속에서 용솟음치는 생각에 브레이크를 걸 필요가 없다. 어떤 것이라도 일단 문장을 만들어내고 퇴고 시 수정하면 된다. 퇴고할 때 보면 브레이크를 안 걸기 잘했다는 생각이 들 때가 많다.

〈처음부터 잘 쓰는 사람은 없습니다〉의 이다혜 작가는 '쓰면서 생각하기'에 대해서 이렇게 이야기한다.

'쓰면서 생각하기'는 일단 무엇이든 타이핑한다는 주의다. 생각부터 완성하기 어려우니 일단 무엇이든 잔뜩 써 보고 편집을 통해 글을 완성해 가는 방식이다.

쓰고 버리는 편이, 생각에만 매달리는 쪽보다 훨씬 속도가 빠르다.

쓸데없는 걱정을 미리 할 필요가 없다.

책을 쓰는 것은 밤에 자동차를 운전하는 것과 같다. 당신은 차의 헤드라이트가 비춰주는 데까지만 볼 수 있다. 그런 식으로 목적지로 간다. 이 말은 미국 소설가들 사이에서 유행하는 말이다. 이 말의 뜻을 곱씹어 보면 책쓰기를 어떻게 해야 하는지 잘 알 수 있다. 그날그날의 목표만 보면 된다.

목적지가 부산이라면 '서울부터 부산까지 500km를 언제 가냐?'는 식의 한탄을 하지 말자. 경부고속도로를 탄다면 휴게소 3번 들릴 생각으로 안성휴게소까지만 일단 가자. 헤드라이트를 켜자. 보이는 곳만 보고 가자. 표지판을 너무 보지 말자. 그러면 어느 순간에 서서히 목적지를 향해 가까워짐을 느낄 것이다. 그렇게 여러분의 책이 탄생한다.

〈8분 책쓰기 습관〉(모니카 레오넬 저)이란 책에서 역자는 다음과 같이 말한다.

> 그러고 보면 창작의 세계에서는 시작을 얼마나 빨리 하느냐, 시작할 때 느끼는 부담감을 얼마나 익숙하게 처리하느냐가 능력을 판가름하는 게 아닐까 하는 생각을 하곤 한다.

나는 이 말이 작가로서 갖추어야 할 핵심을 잘 표현하고 있다고 생각한다. 일단 시작하면 된다. 너무 긴 고민을 하지 말자. 그저 매일 글 쓰는 습관을 가지면 된다. 생각하지 말고 하루의 분량에만 충실하자.

10 결국 글을 쓰는 순간이 즐거워야 한다

하루 중에 시간이 가장 잘 갈 때가 언제인가?

그리고 시간이 가장 안 갈 때가 언제인가?

그 차이는 무엇일까?

이 차이를 잘 알면 글쓰기가 왜 재미있는지 이해할 수 있다.

글쓰기는 노동이 아니다. 따라서 글쓰기는 즐거워야 한다.

이게 내 지론이다. 글쓰기가 고통이라면 안 하는 게 낫다. 고통을 재미있는 글쓰기와 연관시킬 필요 없다. 그것은 범죄다.

1년에 50권을 출간한다는 집필의 신, 나카타니 아키히로. 그의 책을 보면 정말 다양하다. 어떻게 한 분야의 전문가도 아니고 이렇게 폭넓게 많은 책을 쓸 수 있을까?

그는 글을 쓸 때 침을 질질 흘리면서 글 자체에 몰입한다고 한다. 이렇게 고수들은 글을 쓰는 순간을 즐기며 무아에 빠진다. 나는 이것이 작가에게 있어서 매우 중요한 덕목이라고 생각한다. 글을 억지로 지어내고 책 한 권을 내면 수명이 줄어드는 그런 비생산적인 글쓰기는 지양해야 한다.

글쓰기는 즐겁고 또 즐거운 것이다. 글쓰기를 멈출 때 좀 아쉽다는 생각이 드는 것, 또한 내일 글쓰기를 할 수 있다는 행복한 설렘 속에서 잠자리에 드는 것. 이것이야 말로 진정한 글쓰기다.

〈내 책 쓰는 글쓰기〉의 저자이자 연기자이기도 한 명로진 작가는 주 본거지를 홍대로 하는 분이다. 이분은 인디라이터라는 작가 강좌를 오래전부터 운영하고 있다. 나도 대전 구암도서관에서 이분 특강이 있다는 소식을 듣고 휴가를 내고 가서 강의를 들은 적이 있다. 하지만 그때는 글쓰기 특강은 아니었고 주부를 상대로 한 특강이었다.

이분이 예전에 하신 말씀 중 기억에 남는 것이 있다.

> 친구들과 저녁 약속을 잡아 놓고 글쓰기를 시작했다. 너무 글쓰기에 몰입하여 시간 가는 줄 몰랐다. 친구들과 만나기로 한 시간이 11시였는데, 글을 쓰다 보니 시간이 어느덧 새벽 2시였다. 벨소리를 무음으로 해 놓아 전화가 여러 통 왔음에도 확인도 하지 못했다.

난 이분의 경지도 작가 완전 몰입의 경지라고 생각한다. 이렇게 글을 쓸 때는 푹 빠져서 몰입하여 써야 한다. 글쓰기와 내가 혼연일체가 된 상태에서 제대로 된 작품이 탄생할 수 있다.

결국 글을 쓰는 그 순간이 행복해야 한다. 우리가 책을 쓰고 글을 쓰는 이유도 결국 행복해지기 위해서다. 나는 노래 제목처럼 우리가 '그대 행복에 살 텐데'와 같이 책쓰기의 행복에 둘러싸여 살았으면 좋겠다. 책쓰기는 무미건조한 삶의 활력소가 될 것이고 내 인생을 바꿔 줄 가장 가치 있는 대안이 될 것이다.

에필로그 All right! All right! All right!

우리에게 영화 〈인터스텔라〉로 잘 알려진 배우! 매튜 맥커너히! 그는 2014년 〈달라스 바이어스 클럽〉이란 영화에서 에이즈 감염자로 혼신을 다한 연기를 통해 오스카 남우주연상을 받았다.

그의 수상 소감은 꽤나 화제가 되었다. 인간의 삶에 대한 성찰과 인생의 교훈에 대한 그의 말들이 많은 사람들의 심금을 울렸기 때문이리라.

제가 15살 때 저에게 한 분이 물어봤습니다. 니 영웅이 누구냐고?
'그래서 10년 후의 저입니다'라고 대답했습니다.
제가 25살이 되자 '이제 영웅이 되었니?' 하고 물어봤습니다. 저는 '아니오! 저는 근처에도 못 갔어요' 하고 대답했습니다.
'어째서?' 하고 그분이 묻자 저는 이렇게 대답했습니다.
'제 영웅은 35살의 저이니까요!'

매일, 매주, 매월, 그리고 매년 제 영웅은 항상 저로부터 그렇게 10년이나 멀어져 있습니다.

아마 저는 절대로 그 영웅이 되지 못할 겁니다. 못할 거라는 거 알고 있어요. 그렇지만 괜찮아요. 내가 끝까지 포기하지 않도록 해주니까요.

우리 중 누군가가 무엇을 우러러보든, 무엇을 바라보든, 무엇을 쫓든지 전 그들에게 말하고 싶습니다.

'좋아! 좋아! 좋아!'라고 말이죠.

(여기서 '좋아! 좋아! 좋아!'는 그가 영화계에 데뷔해서 한 첫 대사였다.)

나는 이 수상 소감을 보면서 꿈이란 멈춰 있는 것이 아니라 늘 현재진행형이며, 우리 모두 이런 멋진 에너지를 가지고 인생을 진취적이고 적극적으로 살아야 한다는 생각을 했다.

우리가 책이라는 것을 쓰는 것도 결국 이와 비슷하다.

현재 시점에서 내 목표는, 내 영웅은 10년 뒤 나다. 열심히 책을 읽고 인생의 수업을 쌓고 책을 쓰고 하면 10년 뒤에는 지금과는 완전히 다른 내가 되어 있을 것이기 때문이다.

하지만 나는 절대로 10년 뒤 그 영웅이 되지 못할 것이다. 그 영웅은 이미 나보다 10년 앞서가서 나를 기다리고 있을테니까.

우리 과학자들도 하루 15분 글쓰기를 통해 스스로를 변화시키고 발전하여 10년 뒤 내 모습을 꿈꾸며 살아갔으면 더 바랄 것이 없겠다. 그러는 동안 이미 내 영웅은 저 멀리 달아나 있겠지만 10년 전에 내가 꿈꾸던 그 시점의 목표는 어느 정도 달성할 수 있을 테니까.

만일 그리 되지 않는다면 또 어떠한가? 그러는 과정에서 이미 나는 발전하고 또 발전했으니까.

책을 쓰다가 힘들고 어려운 일이 닥치면 세상을 향해 큰 소리로 외쳐 보자!

All right! All right! All right!